Berdiri di Atas Gunung Tinggi

Matthew V.

Published by Mary Joanne R., 2025.

BERDIRI DI ATAS GUNUNG TINGGI

First edition. July 26, 2025.

ISBN: 979-8230992684

Written by Matthew V..

Daftar Isi

Buku Ini Didedikasikan
kepada
Allah Bapa
Putra
dan
Roh Kudus

Isi

Pendahuluan

"Berdiri di Atas Gunung Tinggi" adalah sebuah buku tentang perjalanan rohani saya dengan Tuhan Yesus Kristus. Tuhan datang ke dalam hidup saya dan memberikan harapan baru untuk hidup. Sebelumnya saya hidup penuh dengan kehampaan, tetapi setelah saya menerima Yesus sebagai Tuhan dan Juruselamat, hidup saya berubah dan menjadi lebih bermakna. Saya merasakan kedamaian yang luar biasa. Dia menyelamatkan saya ketika saya kehilangan arah dalam hidup. Darah-Nya membersihkan semua dosa-dosa saya. Tuhan menunjukkan jalan-jalan-Nya kepada saya. (Mazmur 25:4) Dia mengilhami saya dengan firman-Nya (Alkitab) dan membaptis saya dengan Roh Kudus dan api.

Yesus memberi makan Ikan

"Akan terjadi pada hari-hari terakhir –demikianlah firman Allah – bahwa Aku akan mencurahkan Roh-Ku ke atas semua manusia; maka anak-anakmu laki-laki dan perempuan akan bernubuat, dan teruna-terunamu akan mendapat penglihatan-penglihatan, dan orang-orangmu yang tua akan mendapat mimpi." (Kisah Para Rasul 2:17) Sejujurnya, Tuhan telah memberikan saya banyak mimpi dan penglihatan di masa lalu, tetapi saya tidak pernah membaginya dengan dunia. Saya menyimpannya untuk diri saya sendiri. Tetapi kemudian saya melihat Yesus berdiri di tengah sungai yang panjang, memberi makan banyak ikan di sekeliling-Nya. Airnya begitu bersih. Kemudian, Tuhan Yesus meminta saya untuk memberi makan ikan-ikan itu di satu tempat, dan saya mengikuti kehendak-Nya. Saya percaya bahwa Tuhan meminta saya untuk memberi makan ikan dalam penglihatan ini karena Tuhan telah memberi saya pelayanan khusus untuk dilakukan, yaitu membagikan Injil Kristus, mimpi, penglihatan, dan wahyu yang dapat memberi pengertian kepada saya dan orang lain di hari-hari terakhir ini. Kadang-kadang, saya perlu menyampaikan pesan atau peringatan dari Tuhan.

Simbol ikan dalam bahasa Yunani adalah bentuk singkat untuk mengekspresikan Yesus Kristus, Anak Allah, dan Juruselamat, dan ini mencerminkan keyakinan kita dalam agama Kristen. Simbol ini juga mengingatkan saya pada beberapa peristiwa dalam pelayanan Yesus. Dalam Matius 4:19, Yesus memanggil Petrus dan Andreas, dan berkata, " Mari, ikutlah Aku, dan kamu akan Kujadikan penjala manusia." Yesus memberi makan ribuan keluarga dengan roti dan ikan. (Matius 14:15-21, Matius 15:32-39) Yesus meminta Petrus untuk mengambil sekeping uang dari mulut ikan. (Matius 17:27) Yesus makan ikan goreng setelah kebangkitan-Nya. (Lukas 24:42) Pada abad-abad awal setelah Kristus, orang-orang Kristen yang dianiaya menggunakan tanda ikan sebagai simbol rahasia yang sempurna untuk mengidentifikasi tempat pertemuan dan kuburan. Itu juga untuk membedakan antara teman dan musuh.

Yesus di Jembatan Jalan Raya yang panjang

Suatu pagi, saya terkejut menerima sebuah penglihatan tentang Tuhan Yesus yang berdiri bersama saya di awal jembatan jalan raya yang panjang. Ketika kami berdua melihat ke arah jembatan jalan raya, Tuhan memandang saya dan berkata, "Aku menyertai engkau dari awal dan Aku akan menyertai engkau sampai akhir. Apakah engkau pikir Aku akan meninggalkanmu di tengah jalan?" Sungguh, penglihatan ini mengangkat semangat saya dan memberi saya harapan. Ada tertulis dalam Ulangan 31:8, "Sebab Tuhan, Dia sendiri akan berjalan di depanmu, Dia sendiri akan menyertai engkau, Dia tidak akan membiarkan engkau dan tidak akan meninggalkan engkau; janganlah takut dan janganlah patah hati." Yesus berkata, "Aku tidak akan meninggalkan kamu sebagai yatim piatu. Aku datng kembali kepadamu." (Yohanes 14:18) Aku menyertai kamu senantiasa sampai kepada akhir zaman. (Matius 28:20) Amsal 3:5-6 mengajarkan, "Percayalah kepada Tuhan dengan segenap hatimu, dan janganlah bersandar kepada pengertianmu sendiri. Akuilah Dia dalam segala lakumu, maka Ia akan meluruskan jalanmu." Haleluya!

Saya percaya bahwa visi ini adalah untuk Anda dan saya. Perjalanan rohani kita dengan Tuhan dimulai ketika kita menerima Yesus sebagai Tuhan dan Juruselamat. Jika Anda percaya kepada Kristus Yesus, Anda akan menyadari bahwa Tuhan telah menolong Anda di sepanjang jalan dalam situasi apa pun. Banyak orang Kristen yang mengira bahwa Tuhan telah meninggalkan mereka di tengah-tengah krisis mereka. Akibatnya, mereka melepaskan iman mereka. Mereka gagal untuk mengingat bahwa Yesus telah mati di kayu salib untuk mereka. Mereka tidak memiliki hikmah dan pengertian tentang hal itu karena mereka bahkan tidak memintanya. Mereka tidak memiliki kesabaran untuk menunggu Tuhan menolong mereka. Alkitab mengajarkan kita untuk berdiam diri di hadapan Tuhan dan nantikanlah Dia. (Mazmur 37:7) Sesungguhnya, Tuhan akan menolong kita, tidak peduli seberapa besar badai itu. Jika Anda memberi Dia kesempatan untuk memimpin, Dia akan melakukan pekerjaan-Nya dalam hidup Anda sesuai dengan iman Anda.

Saya melihat bahwa bagian terakhir untuk mencapai jembatan jalan raya tidaklah mudah. Badai angin kencang terus menghantam jembatan, membuat perjalanan menjadi sulit. Tetapi kita tidak perlu terlalu khawatir tentang bagaimana melewati badai dalam hidup kita. Tuhan pada akhirnya akan menolong kita untuk menyelesaikan perlombaan ini. Dia akan mengurusnya. Sebab jika kita hidup, kita hidup untuk Tuhan, dan jika kita mati, kita mati untuk Tuhan. Jadi baik hidup atau mati, kita adalah milik Tuhan. (Roma 14:8) Haleluya! Saya bersyukur kepada Tuhan yang telah memberkati dan mengurapi saya untuk membagikan kesaksian saya. Setelah membaca buku ini, saya berharap banyak orang akan diterangi dengan kepenuhan Roh Kudus dan mulai berjalan dengan penuh keyakinan di jalan Tuhan.

Saya ingin memberikan penghargaan dan terima kasih secara khusus kepada Pendeta E.T. Wong, Pendeta Edwin Tan, Pendeta Yohana, Bapak Michael Chandran, Ibu Victory dan Ibu Patricia atas dukungan, semangat, dan kontribusi mereka yang sangat berharga. Saya juga ingin berterima kasih kepada istri saya yang tercinta, Mary Joanne, atas bimbingan editorialnya pada buku ini. Tidak lupa kepada jemaat gereja Holy Spirit Ministries 777 dan anak-anak saya, Ezekial dan Eliana, atas doa dan dukungan mereka. Tuhan memberkati kalian semua!!! Saya mengucap syukur, pujian, hormat, dan kemuliaan kepada Allah Bapa, Anak, dan Roh Kudus yang telah menolong saya menyelesaikan buku ini.

Bab 1: Berdiri di Atas Gunung Tinggi

Bintang Betlehem

Salah satu mimpi yang paling luar biasa yang tidak akan pernah saya lupakan adalah tentang Gunung Tinggi. Pada awalnya, saya melihat diri saya berdiri di puncak gunung. Pemandangannya begitu indah, dan saya bisa melihat awan secara langsung di depan mata. Hati saya merasakan kedamaian yang luar biasa saat berdiri di puncak gunung. Ketika saya terus memandang awan, sebuah bintang seperti bintang Betlehem muncul dan bersinar terang di seluruh tempat. Saya terbangun dari mimpi itu sambil tersenyum. Sejauh yang saya tahu, bintang Betlehem menuntun orang-orang majus ke tempat kelahiran Yesus. (Matius 2:1-2) Bintang mengingatkan kita akan kelahiran Yesus, kedudukannya sebagai raja, dan kodrat ilahinya.

Setelah membaca Perjanjian Baru untuk pertama kalinya, saya menerima mimpi di mana saya melihat sebuah bintang lagi, persis seperti bintang Betlehem, muncul di dahi saya, dan saya mulai memuji Tuhan secara terus menerus. Setelah beberapa waktu, saya mengerti bahwa saya telah menerima karunia berbahasa roh, dan saya sangat bersyukur kepada Tuhan atas karunia yang berharga ini. Itu sangat berarti bagi saya. Puji Tuhan Yesus Kristus!

Bergantung di Tepi Gunung

Anehnya, saya mengalami mimpi yang sama tentang gunung yang tinggi ini untuk kedua kalinya, tetapi kali ini saya bergelantungan di tepi gunung. Saya merasa ngeri ketika melihat lautan api di dasarnya, dan saya melakukan semua yang saya bisa untuk mendaki ke puncak gunung, tetapi itu terlalu sulit bagi saya. Segera setelah saya terbangun, saya bisa merasakan jantung saya berdegup kencang. Saya seperti bola yang tersesat di antara rerumputan. Saya tidak tahu apa yang terjadi pada saya.

Setelah beberapa waktu, saya mengerti mengapa saya tergantung di tepi gunung. Itu karena saya belum sungguh-sungguh bertobat dari dosa-dosa saya. Saya belum sepenuhnya menyerahkan seluruh hidup saya kepada Tuhan. Ya, saya memang mengasihi Yesus dan berdoa kepada-Nya, tetapi saya juga harus berhenti berbuat dosa. Paulus berkata dalam Roma 6:12, "Sebab itu hendaklah dosa jangan berkuasa lagi di dalam tubuhmu yang fana, supaya kamu jangan lagi menuruti keinginannya." Seiring bertambahnya usia, keinginan mata, keinginan daging, keinginan dunia, dan kesombongan hidup telah membutakan mata saya dan mengeraskan hati saya, yang menyebabkan saya mengalami banyak masalah dalam hidup. Tetapi saya bersyukur kepada Tuhan atas kasih karunia dan kasih yang Dia tunjukkan kepada saya melalui Anak-Nya, Yesus. Tuhan membebaskan saya dari segala kejahatan dan dosa. Dia membimbing saya terus menerus, dan saya sangat bersyukur kepada Tuhan atas belas kasihan-Nya. Haleluya!

Sorga dan neraka adalah tempat yang nyata. Itu ada. Banyak yang masih mencoba untuk menyangkal keberadaannya. Ketika saya bermimpi tentang Gunung Tinggi sebelumnya, saya masih tidak yakin apakah ada lautan api. Tetapi ayat dalam Wahyu 20:14 menarik perhatian saya, yang menyatakan, "Lalu maut dan kerajaan maut itu dilemparkanlah ke dalam lautan api. Itulah kematian yang kedua: lautan api." Hal ini membuat saya khawatir, tetapi saya bersyukur kepada Tuhan karena, dalam mimpi itu, saya tidak jatuh ke dalam lautan api. Saya menyadari betapa pentingnya membaca Alkitab. Menurut 2 Timotius 3:16-17, "Segala tulisan yang diilhamkan Allah memang bermanfaat untuk mengajar, untuk menyatakan kesalahan, untuk memperbaiki kelakuan dan untuk mendidik orang dalam kebenaran. Dengan demikian tiap-tiap manusia kepunyaan Allah diperlengkapi untuk setiap perbuatan baik." Haleluya!

Saya tahu sekarang bahwa saya telah mencoba mendaki ke puncak gunung itu dengan menggunakan kekuatan fisik saya karena saya mencoba mengusahakan keselamatan saya sendiri. Saya pikir dengan berbuat baik saja sudah cukup untuk masuk ke dalam kerajaan sorga. Saya mencoba melakukan pekerjaan itu dan ini untuk melarikan diri dari lautan api. Pada saat itu saya tidak mengerti bahwa hanya Tuhan yang dapat menyelamatkan saya. Dia sangat mengasihi saya dan ingin memiliki hubungan dengan saya. Kristus datang dalam mimpi saya dan memberi saya banyak penglihatan untuk memiliki hubungan dengan saya, tetapi saya tidak bisa mendapatkannya. Saya mengabaikan ayat dalam Efesus 2:8-10, yang tertulis, "Sebab karena kasih karunia kamu diselamatkan oleh iman; itu bukan hasil usahamu, tetapi pemberian Allah, itu bukan hasil pekerjaanmu: jangan ada orang yang memegahkan diri. Karena kita ini buatan Allah, diciptakan dalam Kristus Yesus untuk melakukan pekerjaan baik, yang dipersiapkan Allah sebelumnya. Ia mau, supaya kita hidup di dalamnya."

Hal ini juga tertulis dalam 2 Korintus 12:9: "Tetapi jawab Tuhan kepadaku: "Cukuplah kasih karunia-Ku bagimu, sebab justru dalam kelemahanlah kuasa-Ku menjadi sempurna." Sebab itu terlebih suka aku bermegah atas kelemahanku, supaya kuasa Kristus turun menaungi aku." Berdasarkan kedua ayat ini, saya mengerti bahwa saya harus menyerahkan segala sesuatu ke dalam tangan Tuhan. Karena Ia telah melepaskan kita dari kuasa kegelapan dan memindahkan kita ke dalam Kerajaan Anak-Nya yang kekasih (Kolose 1:13) Barangsiapa percaya kepada-Nya, ia tidak akan dihukum; barangsiapa tidak percaya, ia telah berada di bawah hukuman, sebab ia tidak percaya dalam nama Anak Tunggal Allah. (Yohanes 3:18)

Filipi 2:9-11 menyatakan, "Itulah sebabnya Allah sangat meninggikan Dia dan mengaruniakan kepada-Nya nama di atas segala nama, supaya dalam nama Yesus bertekuk lutut segala yang ada di langit dan yang ada di atas bumi dan yang ada di bawah bumi, dan segala lidah mengaku: "Yesus Kristus adalah Tuhan," bagi kemuliaan Allah, Bapa!" Dan keselamatan tidak ada di dalam siapa pun juga selain di dalam Dia, sebab di bawah kolong langit ini tidak ada nama lain yang diberikan kepada manusia yang olehnya kita dapat diselamatkan." (Kisah

Para Rasul 4:12) Yesus berkata: "Akulah jalan dan kebenaran dan hidup. Tidak ada seorang pun yang datang kepada Bapa, kalau tidak melalui Aku." (Yohanes 14:6) Kita dapat bersandar kepada Yesus karena Dia adalah Tuhan dan Juruselamat pribadi kita. Dia memegang segala kuasa dan otoritas. Dia telah menaklukkan dosa dan maut. Haleluya!

Tuhan adalah benteng hidupku. (Mazmur 27:1) Ia adalah perisai bagi orang-orang yang berlindung pada-Nya. (Amsal 30:5) Dia akan memberikan kekuatan yang kita butuhkan untuk mengatasi kelemahan kita. Kita bahkan dapat menghindari kecanduan, kejahatan, dan dosa ketika kita terus memandang kepada Yesus dan berjalan bersama-Nya melalui kuasa Roh Kudus. Saya masih ingat hari ketika saya memilih untuk berhenti merokok. Saya sangat ingin merokok sehingga saya membeli sebatang rokok dan memasukkan sebatang ke dalam mulut saya. Namun, saya berseru kepada Tuhan untuk meminta pertolongan karena hati saya tidak dapat menahannya. Akhirnya, saya mendapatkan kekuatan untuk membuang rokok itu. Haleluya! Segala perkara dapat kutanggung di dalam Dia yang memberi kekuatan kepadaku. (Filipi 4:13) Saya percaya bahwa melalui kuasa Roh Kuduslah saya dapat menghentikan kebiasaan merokok saya. Seperti yang dinyatakan dalam Zakharia 4:6, "Bukan dengan keperkasaan dan bukan dengan kekuatan, melainkan dengan roh-Ku." Haleluya! Segala kemuliaan bagi Tuhan!

Pohon dan Buahnya

Saya bermimpi lagi, tapi kali ini tentang pohon. Pada awalnya, saya melihat buah dari pohon itu sudah busuk dan harus dibuang. Kemudian saya melihat seekor burung merpati putih hinggap di dahannya. Setelah itu, komponen-komponen pohon perlu dipangkas. Kemudian saya melihat cabang-cabang baru, dan daun-daun baru mulai tumbuh. Pohon ini menghasilkan banyak buah, yang jauh lebih besar, enak, dan lezat. Kemudian saya melihat seorang petani dengan senang hati memetik buah-buah itu, menaruhnya di keranjang, dan mempersembahkannya kepada raja. Raja sangat senang.

Akhirnya, saya melihat banyak burung datang dan hinggap di pohon itu. Lingkungannya begitu mempesona dan indah, dengan pemandangan matahari pagi. Haleluya! Dulu, saya sering mendengar dalam hati saya, "Engkau akan menghasilkan lebih banyak buah daripada yang engkau harapkan." Pada awalnya, saya tidak pernah tahu apa artinya. Tetapi saya mendapatkan beberapa petunjuk ketika saya membaca ayat-ayat dalam Yohanes 15:5, yang menyatakan, "Akulah pokok anggur dan kamulah ranting-rantingnya. Barangsiapa tinggal di dalam Aku dan Aku di dalam dia, ia berbuah banyak, sebab di luar Aku kamu tidak dapat berbuat apa-apa." Dan dalam Yohanes 15:8, "Dalam hal inilah Bapa-Ku dipermuliakan, yaitu jika kamu berbuah banyak dan dengan demikian kamu adalah murid-murid-Ku."

Galatia 5:22-23 dengan jelas menjelaskan, "Tetapi buah Roh ialah: kasih, sukacita, damai sejahtera, kesabaran, kemurahan, kebaikan, kesetiaan, kelemahlembutan, penguasaan diri. Tidak ada hukum yang menentang hal-hal itu." Sekarang, saya baru menyadari bahwa Allah ingin melihat buah-buah Roh di dalam kehidupan anak-anak-Nya. Yesus memiliki semua buah Roh. Kita harus menjadi seperti Yesus. Kita harus memiliki karakter seperti Yesus. Kita harus rindu untuk memiliki semua buah Roh Kudus di dalam hidup kita.

Saya yakin mimpi ini ada hubungannya dengan saya. Sebelumnya saya hidup dalam kegelapan, tanpa tujuan dan kehampaan. Dengan kehadiran Roh Kudus, situasi saya telah berubah. Saya melihat diri saya mengalami proses pemangkasan-pembersihan, dan sekarang hidup saya berkembang bersama Tuhan. Saya mengerti bahwa ini adalah salah satu cara Tuhan untuk terus memperbaharui atau memelihara manusia baru. Dan sekarang saya dapat merasakan kedamaian, kasih, sukacita, kebahagiaan dari Tuhan. Saya mulai memiliki kesabaran dan pengendalian diri dalam hidup. Haleluya!

Berjalan di Tangga (8 Anak Tangga)

Beberapa dari Anda mungkin bertanya-tanya apa yang terjadi pada saya dalam mimpi itu. Apakah saya masih bergelantungan di tepi gunung itu, atau saya berhasil mencapai puncaknya? Yang mengejutkan saya, saya bermimpi tentang gunung yang tinggi untuk ketiga kalinya, tetapi kali ini, saya mendapati diri saya berjalan di tangga yang disiapkan di sisi gunung. Pada awalnya, saya tidak tahu apa artinya, dan saya benar-benar melupakannya. Setelah bertahun-tahun, saya menerima sebuah penglihatan pada tahun 2022 yang mengungkapkan arti dari tangga tersebut. Dan kali ini saya tidak sendirian; Tuhan Yesus menyertai saya. Saya berjalan bersama-Nya, selangkah demi selangkah. Saya melihat bahwa setiap langkah yang saya ambil menghasilkan sebuah kata.

Langkah pertama yang saya ambil adalah **Pertobatan.**

Yang kedua adalah **Pengampunan.**

Yang ketiga adalah **Kekudusan.**

Yang keempat adalah **Penyucian.**

Yang kelima adalah Pengangkatan sebagai **Anak.**

Yang keenam adalah **Pemuridan.**

Yang ketujuh, **Orang-orang Kudus** yang hidup.

Yang kedelapan, **Memerintah bersama Kristus.**

Bab 2: Pertobatan

Menurut Kamus Cambridge, pertobatan adalah fakta yang menunjukkan bahwa Anda sangat menyesal atas sesuatu yang buruk yang telah Anda lakukan di masa lalu dan berharap Anda tidak melakukannya. Ini adalah tentang mengubah pikiran seseorang, berpikir secara berbeda, atau berpikir dengan cara yang berlawanan. Karena semua orang telah berbuat dosa dan telah kehilangan kemuliaan Allah. (Roma 3:23) Karena begitu besar kasih Allah akan dunia ini, sehingga Ia telah mengaruniakan Anak-Nya yang tunggal, supaya setiap orang yang percaya kepada-Nya tidak binasa, melainkan beroleh hidup yang kekal. (Yohanes 3:16) Allah mengutus Anak-Nya yang tunggal, Yesus, untuk menyelamatkan dan menyucikan kita dari segala dosa kita. Yesus memulai pelayanan-Nya dengan memanggil orang-orang untuk "Bertobatlah, sebab Kerajaan Sorga sudah dekat!" (Matius 4:17) Rasul Paulus menyuruh orang-orang untuk bertobat dan berbalik kepada Allah serta melakukan pekerjaan-pekerjaan yang sesuai dengan pertobatan itu. (Kisah Para Rasul 26:20)

Ada juga tertulis, "Karena itu sadarlah dan bertobatlah, supaya dosamu dihapuskan." (Kisah Para Rasul 3:19) 2 Petrus 3:9 mengatakan bahwa Tuhan tidak lalai menepati janji-Nya, sekalipun ada orang yang menganggapnya sebagai kelalaian, tetapi Ia sabar terhadap kamu, karena Ia menghendaki supaya jangan ada yang binasa, melainkan supaya semua orang berbalik dan bertobat. Lukas 13:3 memperingatkan kita, "Tetapi jikalau kamu tidak bertobat, kamu semua akan binasa atas cara demikian."

1 Yohanes 1:9 mengatakan "Jika kita mengaku dosa kita, maka Ia adalah setia dan adil, sehingga Ia akan mengampuni segala dosa kita dan menyucikan kita dari segala kejahatan." Alkitab berkata dalam 2 Tawarikh 7:14, "dan umat-Ku, yang atasnya nama-Ku disebut,

merendahkan diri, berdoa dan mencari wajah-Ku, lalu berbalik dari jalan-jalannya yang jahat, maka Aku akan mendengar dari sorga dan mengampuni dosa mereka, serta memulihkan negeri mereka."

Dosa membawa kematian dan penghakiman. Sebab upah dosa ialah maut; tetapi karunia Allah ialah hidup yang kekal dalam Kristus Yesus, Tuhan kita. (Roma 6:23) Karena kita telah diselamatkan oleh kasih karunia karena iman dalam Kristus Yesus, maka kita harus hidup selaras dengan Injil yang memberitakan kekudusan. Ada tertulis dalam Roma 6:1-2, "Jika demikian, apakah yang hendak kita katakan? Bolehkah kita bertekun dalam dosa, supaya semakin bertambah kasih karunia itu? Sekali-kali tidak! Bukankah kita telah mati bagi dosa, bagaimanakah kita masih dapat hidup di dalamnya?" Roma 6:15 juga menyatakan, "Jadi bagaimana? Apakah kita akan berbuat dosa, karena kita tidak berada di bawah hukum Taurat, tetapi di bawah kasih karunia? Sekali-kali tidak!" Titus 2:12 mengajarkan kita untuk berkata "Tidak" kepada kefasikan dan keinginan-keinginan duniawi dan supaya kita hidup bijaksana, adil dan beribadah di dalam dunia sekarang ini.

Sebab dukacita menurut kehendak Allah menghasilkan pertobatan yang membawa keselamatan dan yang tidak akan disesalkan, tetapi dukacita yang dari dunia ini menghasilkan kematian. (2 Korintus 7:10) Saya memahami bahwa saya hanya dapat mengalami kedamaian dan sukacita dalam hidup saya setelah bertobat dari dosa-dosa yang telah saya lakukan. Seiring berjalannya waktu, Tuhan menolong saya sehingga saya tidak lagi melakukan kesalahan yang sama. Dia membersihkan semua kekacauan dalam hidup saya. Dan sekarang, di bawah kasih karunia dan kasih-Nya, saya membagikan kisah saya kepada Anda semua dan terus berjalan di jalan yang Tuhan Yesus pilih untuk saya. Haleluya!

Akhir Zaman Sudah Dekat

Saya melihat di alam roh bahwa waktu yang kita jalani sekarang ini hampir mencapai pukul 12. Yesus memberikan perumpamaan tentang pohon ara (Lukas 13:6-9), dan berdasarkan hal-hal yang terjadi di dunia saat ini, kita tahu bahwa akhir zaman sudah dekat. Siapa pun yang belum bertobat dari dosa-dosa mereka, mohon segera bertobat sebelum pintu kasih karunia ditutup. Di masa lalu, kita semua hidup dalam kehidupan yang penuh dosa, hidup dalam perbudakan, dan menjadi budak kepada Iblis, tetapi setelah kita menerima keselamatan dari Allah melalui Kristus Yesus, kita menjadi manusia baru di dalam Kristus. Alkitab mengatakan bahwa siapa yang ada di dalam Kristus, ia adalah ciptaan baru. Yang lama sudah berlalu, sesungguhnya yang baru sudah datang. (2 Korintus 5:17) Kita bukan lagi hamba Iblis, tetapi sekarang kita adalah hamba Kristus. Kita memiliki tuan yang baru, dan Dia adalah Tuhan kita Yesus Kristus. Kita memiliki kemerdekaan di dalam Kristus. Kita tidak lagi berada di bawah kutuk, dosa, maut, atau penghakiman, tetapi kita berada di bawah Kristus. Kita harus mengikuti jalan tuan kita.

Pengadilan: Pembela, Penganiaya, Hakim

Saya pernah bermimpi sebelumnya di mana saya melihat diri saya berada di pengadilan. Saya tidak tahu di mana pengadilan ini. Tetapi saya melihat Yesus sebagai pembela saya dan Iblis sebagai penganiaya saya. Yesus telah melakukan yang terbaik untuk membebaskan saya dari semua tuduhan dan penganiayaan, namun saya terkejut mendapati diri saya masih memegang tangan penganiaya saya. Saya tidak tahu mengapa saya melakukan hal itu, tetapi sekarang saya tahu. Kita, sebagai orang Kristen, tidak dapat memiliki Allah dan pada saat yang sama memuaskan hawa nafsu atau keinginan kita dan hidup untuk dunia. Kita tidak bisa makan baik dari meja Tuhan maupun meja setan. Siapa pun yang mengambil bagian dalam dunia adalah musuh Allah. Kita harus memilih. Saya sarankan Anda memilih Yesus karena Dia dapat memberi Anda hidup yang kekal.

Ada tertulis dalam 1 Yohanes 2:1, "Anak-anakku, hal-hal ini kutuliskan kepada kamu, supaya kamu jangan berbuat dosa, namun jika seorang berbuat dosa, kita mempunyai seorang pengantara pada Bapa, yaitu Yesus Kristus, yang adil." Berdasarkan ayat ini, saya memahami bahwa Yesus Kristus adalah orang yang menjadi pengantara di hadapan Bapa sebagai pembela kita. Dia adalah perwakilan hukum kita di hadapan Allah. Dan sebagai wakil kita yang sah, pekerjaan-Nya diperhitungkan sebagai pekerjaan kita, dan kematian-Nya diperhitungkan sebagai kematian kita. Yesus mati menggantikan kita untuk membayar hukuman atas dosa-dosa kita. Dan kemudian Dia bangkit dari kubur pada hari ketiga, mengalahkan dosa dan maut. Haleluya! Yesus menebus kita dari murka Allah. Dia membeli kita dengan harga yang lebih tinggi melalui darah-Nya; kita ditebus.

1 Petrus 1:18-20 menyatakan:

18 Sebab kamu tahu, bahwa kamu telah ditebus dari cara hidupmu yang sia-sia yang kamu warisi dari nenek moyangmu itu bukan dengan barang yang fana, bukan pula dengan perak atau emas,
19 melainkan dengan darah yang mahal, yaitu darah Kristus yang sama seperti darah anak domba yang tak bernoda dan tak bercacat.
20 Ia telah dipilih sebelum dunia dijadikan, tetapi – karena kamu – Ia baru menyatakan diri-Nya pada zaman akhir.

Sejak Yesus mati untuk dosa-dosa kita, hidup kita bukan milik kita lagi. Hidup kita adalah milik-Nya. Ada tertulis dalam Galatia 2:20, "Namun aku hidup, tetapi bukan lagi aku sendiri yang hidup, melainkan Kristus yang hidup di dalam aku. Dan hidupku yang kuhidupi sekarang di dalam daging, adalah hidup oleh iman dalam Anak Allah yang telah mengasihi aku dan menyerahkan diri-Nya untuk aku." Oleh karena itu, kita harus hidup hanya untuk Tuhan dan menghormati Dia dengan tubuh kita. Kita harus berpikir secara berbeda. Kita harus menjadi pelaku Firman Allah. Kita harus melepaskan tangan penganiaya kita, memegang tangan Juruselamat kita Yesus, dan berjalan bersama dengan-Nya.

Menurut Alkitab, Yesus juga memiliki gelar sebagai Hakim. Dia telah diberi segala kuasa dan otoritas. Kita diberitahu dalam 2 Timotius 4:1 bahwa Tuhan Yesus Kristus akan menghakimi orang yang hidup dan yang mati pada waktu penyataan-Nya dan Kerajaan-Nya. Roma 14:10

menegaskan bahwa kita semua harus menghadap takhta pengadilan Kristus.

Sebagai orang yang percaya kepada Kristus, kita harus menyerahkan seluruh hidup kita kepada Tuhan, percaya kepada kasih karunia dan kasih-Nya, menjalankan iman kita, dan menjaga itikad baik kita kepada-Nya sampai akhir. Tuhan menetapkan langkah-langkah orang yang hidupnya berkenan kepada-Nya; apabila ia jatuh, tidaklah sampai tergeletak, sebab Tuhan menopang tangannya. (Mazmur 37:23-24) Haleluya! Segala kemuliaan bagi Tuhan kita Yesus Kristus!

Bab 3: Pengampunan

Gembala yang Baik Datang dan Mencari Saya

Ketika saya masih muda dan tersesat dalam perjalanan, Tuhan berkata, "Kembalilah kepada-Ku, Matthew." Secara spontan saya menjawab, "Beri saya waktu, Tuhanku." Dan jawaban yang saya dapatkan adalah, "Aku memberimu waktu." Setelah itu, saya benar-benar melupakan hal ini dan sibuk dengan kehidupan saya. Tetapi Tuhan tidak melupakan saya.

Semua Dosamu, Aku Ampuni

Saya mendapatkan sebuah mimpi yang indah dari Tuhan yang membawa saya kembali kepada iman - bukan karena paksaan, tetapi karena anugerah dan kasih-Nya. Dalam mimpi itu saya memasuki sebuah gereja dan melihat kerumunan orang yang sedang mendengarkan khotbah dengan penuh perhatian. Ketika saya melihat wajah pengkhotbah, kesedihan yang luar biasa menguasai hati saya. Saya tahu siapa dia. Dia adalah Yesus, Tuhan dan Juruselamat saya. Saya tidak pernah menyangka bahwa saya akan bertemu dengan-Nya lagi. Saya menundukkan pandangan saya, dan mata saya terasa berat. Saya merasa sangat tidak layak untuk melayani Dia. Saya memutuskan untuk segera meninggalkan gereja. Saya merasa bersalah, malu, dan kecil hati karena saya telah mengecewakan-Nya.

Hati saya terus menangis dalam mimpi ini, tetapi kemudian saya memberanikan diri. Saya melangkah mundur dan mencoba meninggalkan gereja sesegera mungkin. Ketika saya keluar dari gereja, seseorang memegang tangan saya, dan ketika saya berbalik, saya melihat Tuhan Yesus. Dia memeluk saya dan berbisik, "Matthew, semua dosa-dosamu Aku ampuni." Detik berikutnya, hati saya berubah menjadi sukacita. Saya merasa sangat lega karena beban berat di hati saya hilang. Tuhan Yesus mengucapkan kata-kata yang sama kepada perempuan itu dalam Lukas 7:48, "Dosamu sudah diampuni." Haleluya!

Langkah kedua yang saya ambil saat menaiki tangga menuju puncak gunung menunjukkan kata "pengampunan." Saya kembali kepada iman Kristen karena Tuhan Yesus, bukan karena manusia. Saya tidak dapat menolak kasih yang Dia miliki untuk saya. Bahkan ketika saya telah melupakan-Nya, Dia tidak melupakan saya. Saya mengerti bahwa kasih Allah bagi kita tidak bersyarat. Allah adalah Bapa yang setia dan penuh kasih. Yesus menceritakan sebuah kisah tentang anak yang hilang dalam Lukas 15:20-21, di mana sang ayah melihat anaknya dari kejauhan dalam perjalanan pulang ke rumah. Dia merasa kasihan dan bukannya benci atau marah ketika melihat anaknya. Sang ayah berlari menghampiri anak itu, memeluknya, dan menciumnya dengan lembut. Anak laki-laki itu belum mengakui betapa menyesalnya dia karena tidak mematuhi ayahnya, tetapi sang ayah sudah memaafkannya.

Saya mengalami pengalaman yang hampir sama dalam mimpi saya ketika Tuhan Yesus mengikuti saya dari belakang, memegang lengan saya, dan sebelum saya mengucapkan sepatah kata pun kepada-Nya, Dia memeluk saya dan mengampuni semua dosa-dosa saya. Haleluya! Puji Tuhan Yesus Kristus! Di manakah kita dapat mencari Allah yang penuh kemurahan seperti Dia? Dia adalah Bapa kita yang kekal. (Yesaya 9:6)

Setiap kali saya mengingat apa yang telah Dia lakukan untuk saya, air mata keluar dari mata saya, dan kasih saya kepada-Nya semakin dalam. Begitu saya kembali kepada iman, semua kekuatan saya kembali kepada saya. Saya melihat diri saya berada di alam roh, terbangun dari tidur dan berdiri teguh, hidup dalam nama Yesus. Saya mulai menaruh pengharapan saya kepada Tuhan. Roma 5:5 berkata, "Dan pengharapan tidak mengecewakan, karena kasih Allah telah dicurahkan di dalam hati kita oleh Roh Kudus yang telah dikaruniakan kepada kita." Haleluya!

Yesus berkata, "Akulah gembala yang baik. Gembala yang baik memberikan nyawanya bagi domba-dombanya; sedangkan seorang upahan yang bukan gembala, dan yang bukan pemilik domba-domba itu sendiri, ketika melihat serigala datang, meninggalkan domba-domba itu lalu lari, sehingga serigala itu menerkam dan mencerai-beraikan domba-domba itu. Ia lari karena ia seorang upahan dan tidak memperhatikan domba-domba itu. Akulah gembala yang baik dan Aku mengenal domba-domba-Ku dan domba-domba-Ku mengenal Aku sama seperti Bapa mengenal Aku dan Aku mengenal Bapa, dan Aku memberikan nyawa-Ku bagi domba-domba-Ku." (Yohanes 10:11-15) Haleluya!

Sesungguhnya, Yesus adalah Gembala kita yang baik. Dia telah mengorbankan nyawa-Nya sendiri untuk kita. Ketika saya tersesat, Tuhan Yesus datang dan mencari saya. Dia menyelamatkan saya dan mengampuni semua dosa-dosa saya, meskipun saya tidak layak menerimanya 10:27-28, "Domba-domba-Ku mendengarkan suara-Ku dan Aku mengenal mereka. Saya mengerti kasih dan karunia-Nya untuk saya. Ada tertulis dalam Yohanes dan mereka mengikut Aku, dan Aku memberikan hidup yang kekal kepada mereka dan mereka pasti tidak akan binasa sampai selama-lamanya dan seorang pun tidak akan merebut mereka dari tangan-Ku." Hal yang sama juga berlaku bagi saya. Saya mendengar suara Gembala saya, dan saya memutuskan untuk mengikuti-Nya. Haleluya! Segala kemuliaan bagi Allah!

Gembala yang Baik, Domba, dan Serigala

Suatu hari, ketika saya sedang berbaring di tempat tidur, saya menerima sebuah penglihatan di mana saya melihat kawanan domba di jalan dan seekor serigala mencoba menyerang domba-domba itu, tetapi tiba-tiba, seorang gembala yang baik, Yesus, menggunakan tongkat-Nya untuk mengejar serigala itu, dan serigala itu pun melarikan diri. Pada awalnya, saya tidak dapat memahami apa artinya, tetapi saya mencari tahu di Internet dan menemukan bahwa serigala itu secara simbolis adalah serigala yang rakus dan kejam. Mereka memburu dan mengepung mangsanya, tetapi domba sering digunakan untuk mewakili kepolosan dan ketidakberdayaan. Domba-domba bergantung pada gembalanya yang baik. Domba-domba hanya mendengarkan suara tuannya dan mengikutinya. Mereka belajar untuk mengenali suara gembala dan mempercayainya. Mereka tidak akan mendengarkan atau mematuhi perintah dari orang lain.

Biasanya, seorang gembala yang menggiring dombanya ke padang rumput akan memanggil setiap domba dengan namanya, dan domba-domba itu akan datang dan berjalan bersamanya untuk sementara waktu. Biasanya gembala menggunakan tongkat agar domba-domba dapat mengikuti dengan cermat dan menggigit bagian yang ada. Tongkat ini juga dapat melindungi domba dari binatang buas seperti serigala. Saya mengerti ketika saya diperlihatkan dalam penglihatan itu bahwa Yesus menggunakan tongkat-Nya untuk mengusir serigala karena Dia adalah pelindung kita. Tuhan melindungi kita dari segala bahaya dan ancaman. Dia memimpin hidup kita dan menuntun jalan kita. Dia adalah pemulih hidup kita. Ada tertulis dalam Mazmur 23:4, "Sekalipun aku berjalan dalam lembah kekelaman, aku tidak takut bahaya, sebab Engkau besertaku; gada-Mu dan tongkat-Mu, itulah yang menghibur aku." Kita memiliki gembala yang baik yang sangat mengasihi dan memperhatikan kita. Taruhkanlah kepercayaan Anda kepada Yesus.

Tuhan begitu setia mengampuni dosa-dosa anak-anak-Nya. Yohanes 8:36 berkata, "Jadi apabila Anak itu memerdekakan kamu, kamu pun benar-benar merdeka." Ibrani 10:17 berkata, "Dan Aku tidak lagi mengingat dosa-dosa dan kesalahan mereka." Haleluya! Karena Allah telah mengampuni segala dosa kita, maka tidak ada alasan bagi kita untuk merasa malu, bersalah, atau dihukum. Kita harus melupakan yang telah berlalu dan mengarah diri kepada apa yang di hadapan. (Filipi 3:13) Demikianlah sekarang tidak ada penghukuman bagi mereka yang ada di dalam Kristus Yesus. (Roma 8:1)

Ketika kita memaafkan, kita melepaskan semua perasaan negatif kita. Meskipun tidak mudah untuk mengampuni seseorang yang telah melukai perasaan kita, kita perlu mencobanya. Kuasa Roh Kudus telah diberikan kepada kita untuk membantu kita menjadi lebih mudah mengampuni. Ada tertulis dalam Matius 6:14-15, "Karena jikalau kamu mengampuni kesalahan orang, Bapamu yang di sorga akan mengampuni kamu juga. Tetapi jikalau kamu tidak mengampuni orang, Bapamu juga tidak akan mengampuni kesalahanmu." Ketika kita belajar untuk mengampuni orang lain, hal itu dapat membebaskan kita dan mereka dari dosa-dosa yang tidak dapat diampuni. Musuh tidak dapat beroperasi melalui hal itu lagi.

Pengampunan dapat menghilangkan kepahitan dan mengubah orang yang jahat menjadi orang yang baik. Bahkan Yesus pun mengampuni orang-orang yang menganiaya-Nya di masa lalu, tetap diam ketika dihadapkan pada banyak tuduhan palsu. Kita juga perlu belajar untuk mengampuni orang lain dan memiliki kesabaran dalam hidup. Hal ini memberi kita pengharapan baru di dalam Kristus Yesus. Kita dapat memulai hidup baru di dalam Kristus. Tuhan Yesus dapat memperbaharui hati dan roh kita. Saya sampai pada suatu pemahaman bahwa mereka yang mengampuni diri mereka sendiri dan mengampuni mereka yang bersalah kepada mereka akan lebih bahagia dan hidup dalam kedamaian. Mereka memiliki kesehatan mental dan emosional yang lebih baik, serta hubungan yang positif dan sehat.

Bab 4: Kekudusan

Tuhan itu kudus, dan tidak ada yang kudus seperti Tuhan. Ada tertulis dalam Yesaya 6:3, "Dan mereka berseru seorang kepada seorang, katanya: "Kudus, kudus, kuduslah Tuhan semesta alam, seluruh bumi penuh kemuliaan-Nya!" Alkitab mengatakan bahwa tanpa kekudusan, tidak seorang pun akan melihat Tuhan. (Ibrani 12:14) Tuhan memanggil kita untuk menjadi kudus sebab Dia kudus. (1 Petrus 1:15-16) Ketika kita menerima Yesus Kristus ke dalam hidup kita, Roh Kudus berdiam di dalam diri kita. Roh Kudus menolong kita untuk menjalani gaya hidup yang kudus. Dia juga bersaksi tentang Yesus dan mengajarkan kita untuk mengasihi Tuhan dan sesama. Kita adalah orang-orang yang dikhususkan oleh kasih karunia Allah untuk memenuhi tujuan-Nya. Kita, sebagai anak-anak Allah, harus kudus dengan menghindari dosa. Darah Anak Domba telah membasuh kita. Kita seperti pakaian putih yang telah disucikan dari segala dosa dan noda jahat melalui darah.

Bait Suci

Saya ingin berbagi mimpi saya, yang saya alami beberapa tahun yang lalu. Mimpi itu tentang kuil, dan saya melihat angin kencang meniupkan cahayanya sepenuhnya dalam mimpi itu. Kegelapan menyelimuti seluruh tempat, tetapi saya berada dalam posisi di mana saya bisa melihat banyak hewan liar dan binatang reptil yang mencoba mencari tempat berlindung di dalam kuil. Kuil itu tampak begitu mengerikan ketika binatang-binatang itu sepenuhnya menempatinya. Saya tahu ada yang salah dengan mimpi itu, tetapi situasinya sangat berbeda ketika saya mengalami mimpi yang sama lagi. Anehnya, saya sedang menyapu dan membersihkan kuil. Kemudian, saya menyiramkan air di dalam dan di luar kuil.

Saya merasa senang dan puas melihat kuil yang cukup bersih. Lalu saya melihat sebuah kursi kerajaan yang kosong di dalamnya. Saya mengundang Tuhan Yesus untuk datang, dan Dia duduk di kursi kerajaan itu. Cahaya-Nya bersinar begitu terang di seluruh tempat itu. Saya merasa sangat senang melihat Tuhan di dalam bait suci. Kemudian, saya melihat seekor merpati putih terbang dengan bebas di mana-mana di dalam bait suci, dan saya melihat tempat itu seperti penuh dengan embun. Saya juga menanam banyak bunga di sekeliling kuil, yang terlihat sangat indah. Pemandangan itu begitu memukau mata saya. Saya merasa mimpi itu begitu nyata; seolah-olah sayalah yang tinggal di dalam kuil itu. Saya mengalami kedamaian dan sukacita yang luar biasa di hati saya saat itu. Saya sangat senang mendapatkan mimpi ini - mimpi yang sangat indah dan positif. Saya berharap saya dapat tinggal di sana lebih lama lagi karena Tuhan ada di sana. Saya tidak tahu apa arti mimpi itu pada saat itu.

Saya pikir saya hanya membantu membersihkan bait suci, tetapi ketika saya membaca satu ayat dalam 1 Korintus 3:16, "Tidak tahukah kamu, bahwa kamu adalah bait Allah dan bahwa Roh Allah diam di dalam kamu?" Saya tertegun ketika mengetahui bahwa saya adalah bait Allah yang hidup dan Roh Kudus tinggal di dalam diri saya. Saya harus kudus dan suci. Ayat dalam 1 Korintus 6:9-10 memperingatkan kita, "Atau tidak tahukah kamu, bahwa orang-orang yang tidak adil tidak akan mendapat bagian dalam Kerajaan Allah? Janganlah sesat! Orang cabul, penyembah berhala, orang berzinah, banci, orang pemburit, pencuri, orang kikir, pemabuk, pemfitnah dan penipu tidak akan mendapat bagian dalam Kerajaan Allah."

Saya adalah seorang peminum biasa dan senang menghabiskan waktu bersama teman saya di bar pada malam hari. Suatu hari, saya tertidur ketika sedang mabuk. Kemudian saya bermimpi melihat banyak orang berjalan di sepanjang jembatan yang panjang dan lebar, di dalam sebuah gua yang sangat besar, dan saya berjalan di tengah-tengahnya. Kemudian saya melihat seorang Malaikat Tuhan yang gagah perkasa memegang pedang panjang, memanggil saya untuk maju ke depan dan menemuinya.

Ketika saya berdiri di hadapannya, dia berkata kepada saya, "Mattthew, Anda seharusnya tidak berada di sini. Kembalilah." Seketika itu juga, saya kembali ke tubuh saya lagi, terbangun dari tidur saya dan kesadaran akan dosa-dosa masuk ke dalam hati saya. Alkitab memperingatkan kita dalam Efesus 5:18, "Dan janganlah kamu mabuk oleh anggur, karena anggur menimbulkan hawa nafsu, tetapi hendaklah kamu penuh dengan Roh." Dalam hidup, kita perlu memiliki pengendalian diri. Kita, sebagai orang Kristen, harus hidup dengan benar di hadapan Tuhan. Kita harus jauhkan diri dari segala jenis kejahatan seperti yang tertulis dalam 1 Tesalonika 5:22.

Kembali ke cerita saya tentang mimpi tentang bait suci, saya percaya bahwa cahaya bait suci terpadam setelah diterpa badai petir karena saya hidup dalam kegelapan tanpa Kristus. Dan ketika binatang buas dan reptil masuk ke dalam bait suci, hal itu mengingatkan saya tentang bagaimana saya terus hidup dalam dosa. Saya telah melakukan banyak kejahatan dan dosa dan layak untuk dihukum. Tetapi saya bersyukur kepada Tuhan karena telah memberikan saya kesempatan kedua melalui Putra-Nya Yesus dengan memanggil saya untuk bertobat dari dosa-dosa saya. Ketika saya melihat diri saya sedang membersihkan bait suci dengan air, saya menyadari bahwa ini adalah tentang baptisan dengan air. Yohanes Pembaptis membaptis orang dengan air sebagai tanda pertobatan. (Matius 3:11) Baptisan air menandakan pembersihan dan pemurnian rohani. Setelah dibaptis, setiap orang percaya harus mengutamakan Tuhan dalam hidup mereka, mempelajari firman Tuhan, dan menjadi pelaku firman. Mintalah Roh Kudus untuk membimbing dalam nama Yesus, bersungguh-sungguh dalam doa, dan rajinlah bertemu dengan saudara-saudari seiman.

Ketika saya mengundang Yesus masuk ke dalam Bait Allah, saya percaya bahwa itulah saat saya menerima Yesus sebagai Tuhan. Roma 10:9 berkata, "Sebab jika kamu mengaku dengan mulutmu, bahwa Yesus adalah Tuhan, dan percaya dalam hatimu, bahwa Allah telah membangkitkan Dia dari antara orang mati, maka kamu akan diselamatkan." Haleluya! Saya juga telah menyaksikan berkali-kali bagaimana Tuhan Yesus menyelamatkan saya dari semua masalah dan dosa-dosa saya. Tuhan Yesus adalah Juruselamat pribadi saya. 1 Yohanes 4:14 menyatakan, "Dan kami telah melihat dan bersaksi, bahwa Bapa telah mengutus Anak-Nya menjadi Juruselamat dunia."

Ketika saya melihat cahaya Kristus bersinar begitu terang di seluruh bait suci, saya percaya bahwa itu adalah tentang cahaya Kristus yang telah mulai bersinar di seluruh hidup saya. Ketika berbicara tentang terang, saya teringat akan penglihatan yang saya terima beberapa tahun yang lalu. Suatu hari, saya melihat diri saya pulang dari tempat kerja ke rumah. Saat saya membuka pintu rumah, saya melihat sebuah lampu di atas meja. Kemudian saya melihat cahaya lampu itu berbelok ke kanan dan ke kiri karena angin kencang. Dalam penglihatan ini, saya tidak ingin angin meniup lampu itu, jadi saya berlari dengan cepat untuk menutupi lampu dengan tangan saya. Tetapi sebelum saya sampai di sana, saya melihat Tuhan Yesus telah menutupi lampu itu terlebih dulu dan berkata kepada saya, "Jangan khawatir, Matthew. Akulah terangmu yang sejati. Aku akan melindungimu dan keluargamu." Yesus berkata yang sama dalam Yohanes 8:12, "Akulah terang dunia; barangsiapa mengikut Aku, ia tidak akan berjalan dalam kegelapan, melainkan ia akan mempunyai terang hidup." Haleluya!

Saya percaya ketika saya melihat seekor merpati putih terbang bebas di bait suci itu, itu adalah kehadiran Roh Kudus dalam hidup saya. Petrus berkata dalam Kisah Para Rasul 2:38 bahwa ketika kita bertobat dan dibaptis dalam nama Yesus Kristus untuk pengampunan dosa kita, kita akan menerima karunia Roh Kudus.

Saya melihat di alam roh bahwa, pada saat itu, merpati-merpati putih datang dan hinggap di dahan-dahan pohon; Burung-burung hitam tidak punya pilihan selain pergi. Roh-roh jahat harus melarikan diri ketika Roh Kudus masuk ke dalam hidup kita. Saya telah disingkapkan bahwa pohon yang memiliki banyak burung hitam adalah tentang orang-orang yang masih hidup dalam kegelapan. Mereka mati secara rohani dan terang Kristus tidak menyertai mereka. Mereka perlu mengenal Yesus sebelum terlambat.

Ketika Yesus masih hidup di dunia, Dia berkata dalam Yohanes 14:15-18, "Jikalau kamu mengasihi Aku, kamu akan menuruti segala perintah-Ku. Aku akan minta kepada Bapa, dan Ia akan memberikan kepadamu seorang Penolong yang lain, supaya Ia menyertai kamu selama-lamanya yaitu Roh Kebenaran. Dunia tidak dapat menerima Dia, sebab dunia tidak melihat Dia dan tidak mengenal Dia. Tetapi kamu mengenal Dia, sebab Ia menyertai kamu dan akan diam di dalam kamu. Aku tidak akan meninggalkan kamu sebagai yatim piatu. Aku datang kembali kepadamu." Hal itu terjadi seperti yang Yesus katakan kepada murid-murid-Nya. Haleluya! Terima kasih, Tuhan Yesus. Kita menjadi orang Kristen yang telah dilahirkan kembali ketika Roh Kudus masuk ke dalam hidup kita. Kita, sebagai orang percaya, dipenuhi dengan Roh Kudus. Kita telah dibuat hidup secara rohani di dalam Kristus Yesus. Oleh karena itu, kita harus hidup kudus dan tunduk pada pimpinan Roh Kudus. Kita diperintahkan untuk berjalan di dalam Roh. Yesus mengusir setan dengan kuasa Roh Allah. (Matius 12:28)

Roh Kudus adalah sahabat, penghibur, dan penasihat kita yang dapat dipercaya. Yesus berkata kepada para pengikut-Nya bahwa Bapa akan mengutus Roh Kudus atas nama-Nya untuk mengajar dan mengingatkan mereka akan segala sesuatu yang telah Dia katakan. (Yohanes 14:26) Roh Kudus memimpin kita ke dalam seluruh kebenaran dan memberitakan kepada kita hal-hal yang akan datang. (Yohanes 16:13-14)

Roh Kudus akan menolong kita untuk berdoa ketika kita tidak tahu apa yang harus kita doakan. (Roma 8:26) Roh Kudus akan menginsafkan dunia akan dosa, kebenaran, dan penghakiman. (Yohanes 16:8) Ketika kita diberdayakan oleh kuasa Roh Kudus, kita dapat merasakan kehadiran kemuliaan Allah dalam hidup kita. Kita tidak boleh mendukakan Roh Kudus Allah. (Efesus 4:30)

Alkitab menggunakan embun sebagai simbol berkat Tuhan. Tertulis dalam Hosea 14:6, "Aku akan seperti embun bagi Israel." Saya percaya Roh Kudus adalah embun yang dapat menyegarkan roh kita dengan kehadiran-Nya. Ishak memberkati Yakub dengan kata-kata ini: "Allah akan memberikan kepadamu embun yang dari langit dan tanah-tanah gemuk di bumi dan gandum serta anggur berlimpah-limpah." (Kejadian 27:28) Embun adalah seperti dupa pujian dari bumi yang dinaikkan kepada Allah. Melihat bait suci yang penuh dengan embun dalam mimpi saya mengingatkan saya akan ayat dalam Mazmur 141:2, "Biarlah doaku adalah bagi-Mu seperti persembahan ukupan, dan tanganku yang terangkat seperti persembahan korban pada waktu petang."

Saya mengerti bahwa embun yang saya lihat di kuil itu seperti doa-doa saya, yang naik sebagai dupa yang manis untuk Tuhan. Itulah sebabnya saya merasakan kedamaian yang luar biasa dan ingin tinggal di sana untuk waktu yang lama. Kita sebagai orang percaya harus berdoa tanpa henti (1 Tesalonika 5:17), dan kita harus berdoa setiap waktu di dalam Roh dengan segala macam doa dan permohonan. (Efesus 6:18) Mengenai bunga-bunga yang saya tanam di sekeliling bait suci, saya percaya bahwa ini adalah tentang berbuat baik karena Roh Kudus bekerja di dalam diri kita untuk menjadi seperti Yesus. Perbuatan baik kita memperindah hidup kita. Allah akan membalas perbuatan baik kita. Dan menolong orang lain adalah hal yang baik karena hal itu membawa perasaan damai, sukacita dan kebahagiaan dalam hidup kita.

Saudara-saudaraku yang kekasih, karena kita sekarang memiliki janji-janji itu, marilah kita menyucikan diri kita dari semua pencemaran jasmani dan rohani, dan dengan demikian menyempurnakan kekudusan kita dalam takut akan Allah. (2 Korintus 7:1) Sebagai anak-anak Allah, kita harus menjalani kehidupan yang saleh. Roma 12:1 menyatakan bahwa kita harus menyembah Allah dengan mempersembahkan tubuh kita sebagai persembahan yang hidup, yang kudus dan yang berkenan kepada-Nya. Saya menutup topik ini dengan membagikan ayat dalam 1 Petrus 2:9, yang menyatakan, "Tetapi kamulah bangsa yang terpilih, imamat yang rajani, bangsa yang kudus, umat kepunyaan Allah sendiri, supaya kamu memberitakan perbuatan-perbuatan yang besar dari Dia, yang telah memanggil kamu keluar dari kegelapan kepada terang-Nya yang ajaib:" Jangan lupakan itu! Haleluya! Segala kemuliaan bagi Tuhan Yesus Kristus!

Bab 5: Penyucian

Menurut Wikipedia, penyucian (atau, dalam bentuk kata kerjanya, menguduskan) berarti 'memisahkan untuk penggunaan atau tujuan khusus,' yaitu, membuat kudus atau suci (bandingkan dengan bahasa Latin: Sanctus). Ada tertulis dalam Imamat 20:7-8, "Maka kamu harus menguduskan dirimu, dan kuduslah kamu, sebab Akulah Tuhan , Allahmu. Demikianlah kamu harus berpegang pada ketetapan-Ku dan melakukannya; Akulah Tuhan yang menguduskan kamu." Dan karena kehendak-Nya inilah kita telah dikuduskan satu kali untuk selama-lamanya oleh persembahan tubuh Yesus Kristus. (Ibrani 10:10) Saya menemukan bahwa kekudusan dan penyucian adalah serupa, tetapi tidak sama. Saya percaya bahwa kekudusan adalah kondisi dikhususkan untuk pelayanan dan penyembahan kepada Tuhan, sedangkan penyucian adalah proses yang harus kita lalui untuk mencapai kesempurnaan.

Sebuah Gereja Tua

Pada suatu Senin pagi, ketika sedang berdoa, saya melihat sebuah penglihatan tentang sebuah gereja tua. Gereja itu tampak terbengkalai, dikelilingi oleh taman yang penuh dengan semak-semak. Saya melihat diri saya mulai melakukan pembersihan di luar Gereja. Saya memotong rumput dengan rapi, mengecat Gereja, dan menanam pohon-pohon dan bunga-bunga. Ketika saya memasuki Gereja itu, saya melihat banyak patung dan gambar. Kemudian, saya melihat semuanya dibuang ke dalam air. Setelah itu, saya melihat Tuhan Yesus di dalam Gereja. Dia duduk di kursi kerajaan di panggilan altar, dan cahaya bersinar di seluruh Gereja karena kecerahan-Nya. Dan kali ini, saya melihat Gereja yang terlihat begitu indah dan terang, dengan paduan suara yang menyanyikan lagu-lagu untuk memuliakan Tuhan. Haleluya!

Saya menerima penglihatan tentang Gereja Lama ini karena saya masih hidup di jalan yang lama, dan pembersihan perlu dilakukan. Saya harus bertobat dari dosa-dosa saya dengan tidak melakukannya lagi, meninggalkan semua penyembahan berhala dan berbuat baik. Yesus adalah terang dunia. (Yohanes 8:12) Saya melihat kehadiran Yesus menghidupkan kembali Gereja Lama. Saya belajar bahwa saya harus menyerahkan seluruh hidup saya kepada Yesus. Dan biarkanlah terang Kristus menyinari setiap aspek kehidupan saya. Kegelapan tidak dapat mengalahkan terang ini. Saya harus selalu berada di dalam terang ini. Ketika saya melihat Paduan Suara di Gereja bernyanyi dan memuji Tuhan, Gereja begitu penuh sukacita. Saya belajar bahwa kita, orang-orang percaya, harus meningkatkan pujian dan penyembahan kita kepada Tuhan. Kita harus menyanyikan lagu-lagu yang memuji Allah di rumah, di Gereja, dan di mana pun kita berada. Kita harus mengganti nyanyian-nyanyian duniawi dengan nyanyian-nyanyian Kristen. Kita harus terus menerus memuliakan Allah dan bernyanyi bagi-Nya. Haleluya!

Ketika saya melihat dari luar, saya terkejut melihat Gereja Lama ternyata adalah Gereja yang paling indah, dengan cahaya Kristus di seluruh tempat. Kemudian saya mendengar Tuhan berkata kepada saya, "Matthew, menurutmu apakah Aku akan meninggalkan Gereja ini, atau Aku akan membawa Gereja ini bersama dengan-Ku?" Tuhan berkata kepada saya jika Gereja ini terus seperti ini, Dia akan membawa Gereja ini (Gereja yang dipenuhi Roh Kudus) bersama dengan-Nya ke Kerajaan Surga. Sejujurnya, saya tidak tahu mengapa Dia mengatakan hal itu pada waktu itu. Sekarang saya tahu. Kita adalah Gereja, Mempelai Kristus, dan orang-orang Kristen. Kita dibuat hidup secara rohani di dalam Kristus Yesus. Sekarang saya mengerti bahwa setelah diselamatkan oleh Kristus Yesus, kita tidak boleh kembali ke jalan hidup yang lama. Kita tidak boleh menoleh ke belakang. Anak-anak Allah harus menjauh dari berhala, kejahatan, dan dosa. Saya juga secara pribadi merasa bahwa ini adalah tentang pengangkatan Gereja (gereja yang dipenuhi Roh Kudus). Haleluya!

Di Dalam Gua

Saya juga bermimpi berada di dalam gua, di mana pemandangannya sangat mengerikan. Pada awalnya, saya tercengang dengan apa yang saya lakukan di sana. Tempat itu seperti sangkar penjara bagi saya. Kemudian, tiba-tiba, entah dari mana, saya melihat seekor monster datang ke arah saya dan mencoba menyerang saya. Monster itu ingin memeluk saya. Sepertinya monster itu ingin mengurung saya, tetapi saya mendorongnya. Saya mencoba mencari cara untuk melarikan diri tetapi tidak bisa melihat pintu keluar. Bayangkan terjebak di dalam gua di mana Anda tidak dapat melihat pintu atau jendela untuk melarikan diri. Saya sangat cemas dan ketakutan pada saat itu. Saya tidak tahu apa yang harus saya lakukan, tetapi akhirnya, saya melihat sebuah lubang di atas dari tempat saya berdiri, dan saya bisa melihat cahaya kecil melalui lubang tersebut. Saya mencoba memanjat ke atas, tetapi monster itu terus menarik kaki saya ke bawah, dan saya terus menendangnya lagi dan lagi, dan kemudian saya merasakan cahaya kecil itu membesar, dan situasinya tampak seperti Yesus meletakkan tangan-Nya ke atas saya sehingga saya bisa keluar dari gua yang mengerikan itu. Akhirnya, saya terangkat dan keluar dari gua itu. Saya dapat melarikan diri melalui lubang di dalam gua. Haleluya! Saya bersyukur kepada Tuhan untuk itu.

Itu adalah mimpi yang menakutkan, dan saya mengerti bahwa saya menerima mimpi ini karena saya menjaga dan melayani berhala pada saat itu. Jadi, itu adalah mimpi peringatan bagi saya untuk bertobat. Puji Tuhan, saya bertobat dari dosa penyembahan berhala dan tidak pernah menoleh ke belakang sejak saat itu. Alkitab dengan jelas memperingatkan bahwa penyembah berhala tidak akan pernah masuk ke dalam Kerajaan Allah. (1 Korintus 6:9) Janganlah kamu tertipu pada saat-saat terakhir ini. Siapa pun yang mencintai seseorang atau sesuatu lebih dari Tuhan telah melakukan penyembahan berhala, dan mereka harus bertobat. Jika mereka menolak untuk bertobat, itu berarti neraka adalah tempat mereka selamanya. Yesus berkata, "Akulah pintu; barangsiapa masuk melalui Aku, ia akan selamat dan ia akan masuk dan keluar dan menemukan padang rumput. Pencuri datang hanya untuk mencuri dan membunuh dan membinasakan; Aku datang, supaya mereka mempunyai hidup, dan mempunyainya dalam segala kelimpahan." (Yohanes 10:9-10) Haleluya! Segala kemuliaan bagi Tuhan Yesus Kristus!

Saya percaya bahwa penyucian adalah karya rohani Allah dalam hidup kita. Tetapi kita telah memberi diri kita untuk disucikan dan telah dikuduskan. Kita telah dibenarkan dalam nama Tuhan Yesus Kristus dan dalam Roh Allah kita. (1 Korintus 6:11) Sekarang saya mengerti bahwa penyucian adalah sebuah proses tiga tahap-masa lalu, masa kini, dan masa depan. Tahap pertama terjadi pada awal kehidupan Kristen kita. Tahap kedua adalah tentang bertumbuh dengan penuh kasih karunia dan menjadi serupa dengan Kristus. Tahap ketiga adalah penyucian yang sempurna dari seluruh pribadi yang akan mengubah tubuh kita yang hina sehingga serupa dengan tubuh Kristus yang mulia. (Filipi 3:21) Haleluya! Segala kemuliaan bagi Tuhan kita Yesus Kristus!

Semoga Allah damai sejahtera menguduskan kamu seluruhnya dan semoga roh, jiwa dan tubuhmu terpelihara sempurna dengan tak bercacat pada kedatangan Yesus Kristus, Tuhan kita. (1 Tesalonika 5:23)

Bab 6: Pengangkatan sebagai Anak

Menurut kitab suci, ungkapan Anak Allah dapat merujuk kepada banyak orang. Singkatnya, dalam Perjanjian Baru di Alkitab Kristen, Anak Allah diterapkan kepada Yesus dalam banyak kesempatan. Kata ini juga dapat merujuk kepada para pengikut Yesus. Ada tertulis dalam Roma 8:15, "Sebab kamu tidak menerima roh perbudakan yang membuat kamu menjadi takut lagi, tetapi kamu telah menerima Roh yang menjadikan kamu anak Allah. Oleh Roh itu kita berseru: "ya Abba, ya Bapa!"

Roh sebagai status anak Allah membawa kepercayaan diri ke dalam hidup kita. Tetapi roh perbudakan membawa ketakutan, kecemasan, keraguan, kekurangan, penolakan diri, dll. Banyak orang Kristen yang masih hidup di bawah belenggu perbudakan karena mereka tidak mengetahui identitas mereka yang sebenarnya di dalam Kristus Yesus. Mereka masih hidup seperti orang yang tidak percaya. Tidak ada banyak perbedaan. Bagi sebagian orang Kristen, malam Natal hanyalah tentang bersenang-senang di klub-klub, dan Hari Natal hanyalah tentang berfoto dengan Sinterklas (Santa Claus) saja. Saya bertanya-tanya di mana Kristus dalam kehidupan mereka. Kita seharusnya membagikan Kristus pada hari itu, bukan? Apa artinya Natal jika kita tidak menceritakan tentang Kristus pada hari itu? Saya mengenal beberapa orang tua yang beragama Kristen yang mengajarkan anak-anak mereka untuk tidak berbicara tentang Yesus pada Hari Natal karena mereka mengatakan bahwa hal itu terlalu religius dan sensitif. Sungguh menyedihkan!

Bagaimana dengan Jumat Agung? Apakah mereka benar-benar mengingat Yesus yang telah mati untuk mereka pada hari itu dan memutuskan untuk berpaling dari dosa? Apakah mereka bersedia menyalibkan keinginan mereka, memikul salib yang berat dan hidup bagi Tuhan? Sangat mudah untuk mengatakan bahwa saya adalah orang Kristen karena iman, tetapi pertanyaan yang sebenarnya adalah apakah kita hidup sesuai dengan iman kita kepada Kristus. Roma 8:17 menyatakan, "Dan jika kita adalah anak, maka kita juga adalah ahli waris, maksudnya orang-orang yang berhak menerima janji-janji Allah, yang akan menerimanya bersama-sama dengan Kristus, yaitu jika kita menderita bersama-sama dengan Dia, supaya kita juga dipermuliakan bersama-sama dengan Dia." Kita semua perlu merenungkan hal ini dengan serius.

Yesus Menangis

Ada suatu masa ketika saya merasa sangat sedih melihat dunia yang penuh dengan kejahatan dan berdoa kepada Tuhan sambil berbicara dalam bahasa roh secara terus menerus. Saya menangis dan menangis saat berdoa. Saya tidak bisa menghentikan air mata saya. Tiba-tiba, saya merasakan belas kasihan yang mendalam terhadap orang-orang yang masih hidup dalam dosa. Kemudian, saya melihat Salib Suci Yesus Kristus dalam penglihatan itu. Dahi Yesus mendekat ke dahi saya, dan kami menangis tersedu-sedu. Saya dapat merasakan rasa sakit dan kesedihan yang mendalam dari Yesus di dalam diri saya. Sejujurnya, itu adalah momen yang paling menyentuh dalam hidup saya. Setiap kali saya mengingat penglihatan Yesus di kayu salib dan menangis bersama saya, saya tidak dapat menahan air mata saya.

Ketika saya mengecek di Google, saya menemukan bahwa Yesus menangis beberapa kali ketika Dia hidup di bumi ini. Dia menangis untuk Yerusalem. Yesus berkata dalam Matius 23:37-39, "Yerusalem, Yerusalem, engkau yang membunuh nabi-nabi dan melempari dengan batu orang-orang yang diutus kepadamu! Berkali-kali Aku rindu mengumpulkan anak-anakmu, sama seperti induk ayam mengumpulkan anak-anaknya di bawah sayapnya, tetapi kamu tidak mau. Lihatlah rumahmu ini akan ditinggalkan dan menjadi sunyi. Dan Aku berkata kepadamu: Mulai sekarang kamu tidak akan melihat Aku lagi, hingga kamu berkata: Diberkatilah Dia yang datang dalam nama Tuhan!" Setelah saya mendapatkan penglihatan ini, baru saya menyadari betapa besarnya kasih sayang Tuhan bagi seluruh umat manusia. Yesus menangis karena kita, tetapi banyak orang masih sibuk melakukan hal-hal lain.

Banyak yang Diundang, Tapi Hanya Sedikit yang Terpilih

Beberapa tahun yang lalu, saya bermimpi melihat sebuah taman, dan di taman itu, saya melihat meja perjamuan panjang dengan banyak kursi. Lingkungannya tampak seperti akan ada perayaan besar. Saya belum melihat makanan dan minuman di atas meja, tetapi saya terkejut melihat Tuhan Yesus duduk di tempat duduk-Nya di depan. Saya bertanya kepada-Nya, "Tuhanku, di manakah orang-orang lain? Kursi-kursinya kosong." Tuhan menjawab, "Banyak yang diundang, tetapi banyak yang menolak untuk datang." Saya merasa sangat sedih ketika mendengar jawaban-Nya. Mimpi ini mengingatkan saya pada Perumpamaan tentang Perjamuan Pernikahan. Lalu Yesus berbicara pula dalam perumpamaan kepada mereka: "Hal Kerajaan Sorga seumpama seorang raja, yang mengadakan perjamuan kawin untuk anaknya. Ia menyuruh hamba-hambanya memanggil orang-orang yang telah diundang ke perjamuan kawin itu, tetapi orang-orang itu tidak mau datang." (Matius 22:1-3)

Tuhan mengasihi kita dengan kasih yang kekal. (Yeremia 31:3) Dia ingin kita semua bersama-Nya. Kita perlu merespons panggilan untuk bertobat. "Sebab banyak yang dipanggil, tetapi sedikit yang dipilih." (Matius 22:14) Tuhan mengajarkan kita untuk mengasihi semua orang. Kita membagikan pesan kasih tentang Kristus Yesus karena Allah adalah kasih. Yohanes 3:16 mengatakan,

"Karena begitu besar kasih Allah akan dunia ini, sehingga Ia telah mengaruniakan Anak-Nya yang tunggal, supaya setiap orang yang percaya kepada-Nya tidak binasa, melainkan beroleh hidup yang kekal."

Saya teringat bagaimana Yesus memperkenalkan saya kepada Bapa dan menuntun saya untuk mengucapkan Doa Bapa Kami. Doa Bapa Kami adalah doa yang paling istimewa bagi saya; doa ini memperdalam kasih saya kepada Allah. Saya dapat merasakan hubungan yang lebih dekat sebagai seorang anak dengan Bapa Surgawi. Setiap hari, saya mengucapkan doa ini bersama istri dan anak-anak saya. Biasanya, kami akan berpegangan tangan sambil mengucapkan doa ini, dan ini adalah pengalaman indah yang harus dicoba oleh setiap orang Kristen. Doa ini juga memperkuat hubungan saya dengan anggota keluarga saya. Terima kasih, Tuhan Yesus, karena telah menolong saya untuk berdamai dengan Bapa. Terima kasih, Tuhan Yesus.

Jawab Yesus kepada mereka:

"Apabila kamu berdoa, katakanlah:
Bapa, dikuduskanlah nama-Mu;
Datanglah Kerajaan-Mu.
Berikanlah kami setiap hari makanan kami yang secukupnya
Dan ampunilah kami akan dosa kami,
Sebab kami pun mengampuni setiap orang yang bersalah kepada kami;
Dan janganlah membawa kami ke dalam pencobaan."

Lukas 11:2-4, TB

Berikut ini adalah beberapa contoh untuk menguji apakah kita memiliki Roh Anak:

1) Roh Anak memiliki pikiran Kristus. 1 Korintus 2:16 menyatakan, Sebab "Siapakah yang dapat mengetahui pikiran Tuhan, sehingga ia dapat menasihati Dia?" Tetapi kami memiliki pikiran Kristus. Kita dapat memperbaharui pikiran kita dengan membaca firman Tuhan setiap hari, merenungkannya, dan menjadi pelaku firman. Semakin banyak kita menghabiskan waktu dengan firman Tuhan, semakin banyak pemahaman yang kita miliki tentang apa yang Tuhan kehendaki dalam hidup kita dan tentang hal-hal rohani. Roma 12:2 menyatakan, "Janganlah kamu menjadi serupa dengan dunia ini, tetapi berubahlah oleh pembaharuan budimu, sehingga kamu dapat membedakan

manakah kehendak Allah: apa yang baik, yang berkenan kepada Allah dan yang sempurna."

2) Apakah Anda hidup menurut Roh? Roma 8:14 berkata, "Semua orang, yang dipimpin Roh, adalah anak Allah." Oleh karena itu, kita harus terus menerus hidup dipimpin oleh Roh. Biarkan Roh Kudus memimpin hidup kita.

3) Apakah Anda percaya pada janji-janji Tuhan dalam hidup Anda? Tuhan berfirman dalam Yesaya 55:11, "Demikianlah firman-Ku yang keluar dari mulut-Ku: ia tidak akan kembali kepada-Ku dengan sia-sia, tetapi ia akan melaksanakan apa yang Kukehendaki, dan akan berhasil dalam apa yang Kusuruhkan kepadanya." Percayalah kepada Tuhan; Dia akan melakukan apa yang Dia katakan.

4) Roh Anak menerima berkat rohani. (Efesus 1:3)

5) Roh Anak menerima disiplin yang saleh. (Ibrani 12:7-8)

6) Roh Anak mengetahui penerimaan penuh dan diadopsi sepenuhnya. (Efesus 1:4-6)

7) Roh Anak memiliki keyakinan sepenuhnya kepada Tuhan bahwa Ia akan menolong mereka memulai pekerjaan yang baik yang diberikan kepada mereka. (Filipi 1:6)

Bab 7: Pemuridan

Banyak orang yang masih bingung dengan kata "pemuridan". Mereka mengira bahwa kata ini hanya merujuk kepada para pendeta, pastor, dan pemimpin agama dalam agama Kristen. Sementara itu, orang biasa bisa fokus pada pekerjaan mereka dan mengurus keluarga mereka saja. Sabtu atau Hari Minggu, pergi ke gereja, memasukkan uang ke dalam kotak sumbangan, dan selesai. Mereka telah melakukan tugas mereka sebagai orang Kristen.

Semua orang yang mengikut Yesus dianggap sebagai murid-murid-Nya. Sebelum Yesus naik ke surga, Dia memberikan perintah ini: "Karena itu pergilah, jadikanlah semua bangsa murid-Ku dan baptislah mereka dalam nama Bapa dan Anak dan Roh Kudus, dan ajarlah mereka melakukan segala sesuatu yang telah Kuperintahkan kepadamu. Dan ketahuilah, Aku menyertai kamu senantiasa sampai kepada akhir zaman." Amin. (Matius 28:19-20)

Alkitab mengatakan bahwa Injil harus diberitakan terlebih dahulu kepada segala bangsa sebelum kesudahannya tiba. Siapa pun kita seorang imam, pendeta, penginjil, nabi, rasul, pemimpin agama Kristen, atau orang awam, kita semua harus membagikan Injil Kristus kepada sesama. Pernahkah Anda bertanya-tanya mengapa banyak orang Kristen yang berani turun ke jalan saat ini untuk memberitakan Injil? Itu karena akhir zaman sudah dekat, teman-teman. Kita harus bersiap-siap.

Pemuridan adalah salah satu langkah yang harus kita lalui untuk menunjukkan ketaatan kita sebagai anak-anak Tuhan. Untuk menjadi murid-murid Yesus yang baik, kita harus memiliki iman yang baik. Iman adalah dasar dari pemuridan. Tanpa iman, mustahil kita berkenan kepada Allah. (Ibrani 11:6) Yesus berkata kepada murid-murid-Nya: "Karena kamu kurang percaya. Sebab Aku berkata kepadamu: Sesungguhnya sekiranya kamu mempunyai iman sebesar biji sesawi saja kamu dapat berkata kepada gunung ini: Pindah dari tempat ini ke sana, – maka gunung ini akan pindah, dan takkan ada yang mustahil bagimu." (Matius 17:20) Haleluya! Ingatlah bahwa Allah juga mendisiplinkan orang-orang yang dikasihi-Nya. (Ibrani 12:6) Kita juga harus menerima koreksi dalam hidup kita agar kita selalu berjalan bersama Tuhan dan menghasilkan buah-buah Roh.

Salib Berat

Beberapa bulan yang lalu, saya mendapatkan sebuah penglihatan tentang anggota gereja saya, termasuk saya, memikul salib yang berat di bahu kami, berjalan perlahan-lahan, selangkah demi selangkah, dan menuju ke puncak Gunung Tinggi. Beberapa orang berada di depan saya, berjalan ke puncak, dan ketika saya melihat ke belakang, saya melihat banyak yang masih memikul salib dan berjalan perlahan. Saya melihat salah satu anggota gereja saya memikul salib yang berat di bahunya, tetapi ketika dia melihat orang lain yang juga memikul salib yang berat dan tidak dapat memikulnya dengan benar, dia bersedia membantu orang tersebut. Saya percaya bahwa ini adalah tentang menolong mereka yang membutuhkan.

Sebagai saudara dan saudari di dalam Kristus, kita semua harus saling membantu. Saya menyadari bahwa kita semua berada dalam perjalanan rohani yang sama untuk menyembah Tuhan di Gunung Suci-Nya. Kita harus menyangkal diri, memikul salib setiap hari, dan mengikut Yesus. (Matius 16:24) Kita harus bersabar dalam segala hal. Terkadang, kita harus mengorbankan ambisi atau keinginan kita. Tantangan atau kesulitan dalam hidup dapat menunda kita untuk mencapai puncak. Namun, jika kita berfokus pada Yesus dan terus berharap kepada-Nya, kita akan mencapai tujuan kita, mencapai puncak gunung, dan menjadi pemenang.

Sebagai murid-murid Yesus Kristus, kita harus selalu berada di kaki-Nya dan menaati ajaran-Nya. Yohanes Pembaptis berkata, "Ia harus makin besar, tetapi aku harus makin kecil." (Yohanes 3:30) Dengan cara yang sama kita semua harus berkurang, Yesus harus bertambah. "Ada suara yang berseru-seru di padang gurun: Persiapkanlah jalan untuk Tuhan, luruskanlah jalan bagi-Nya. Setiap lembah akan ditimbun dan setiap gunung dan bukit akan menjadi rata, yang berliku-liku akan diluruskan, yang berlekuk-lekuk akan diratakan, dan semua orang akan melihat keselamatan yang dari Tuhan." (Lukas 3:4-6) Haleluya! Jadi, apa yang kita tunggu? Kita harus memberitakan Injil, membawa lebih banyak murid bagi Tuhan Yesus Kristus! Paulus berkata, celakalah aku, jika aku tidak memberitakan Injil. (1 Korintus 9:16) Haleluya! Segala kemuliaan bagi Allah!

Bab 8: Orang-orang Kudus yang Hidup

Banyak orang mengira bahwa orang kudus adalah orang yang telah meninggal. Ini berarti seseorang harus meninggal untuk menjadi orang kudus. Kata orang kudus berasal dari kata Yunani hagios, yang berarti dikuduskan untuk Tuhan, suci, sakral, atau saleh. Gagasan dari kata orang kudus adalah sekelompok orang yang dikhususkan untuk kerajaan-Nya. Secara alkitabiah, orang-orang kudus adalah tubuh Kristus, orang Kristen, dan Gereja. Orang-orang Kristen dianggap sebagai orang-orang kudus. Kita adalah orang-orang kudus yang hidup. Banyak orang Kristen yang masih belum mengetahui bahwa mereka adalah orang-orang kudus Allah dan terus hidup seperti orang yang tidak percaya. Beberapa bahkan bertoleransi dengan agama lain dengan mengikuti festival keagamaan mereka. Beberapa masih mengikuti tradisi nenek moyang mereka. "Persamaan apakah yang terdapat antara Kristus dan Belial? Apakah bagian bersama orang-orang percaya dengan orang-orang tak percaya?" (2 Korintus 6:15) Alkitab mengatakan dalam 2 Korintus 6:17-18, "Sebab itu: Keluarlah kamu dari antara mereka, dan pisahkanlah dirimu dari mereka, firman Tuhan, dan janganlah menjamah apa yang najis, maka Aku akan menerima kamu. Dan Aku akan menjadi Bapamu, dan kamu akan menjadi anak-anak-Ku laki-laki dan anak-anak-Ku perempuan demikianlah firman Tuhan, Yang Mahakuasa."

Menurut pendapat saya, kita masih dapat berteman baik dengan orang-orang yang belum percaya dan menolong mereka ketika mereka membutuhkan. Kita bahkan dapat menunjukkan kasih kita di dalam Kristus kepada mereka dan berdoa bagi mereka yang masih terhilang, tetapi kita tidak dapat berkompromi dengan ilah-ilah, tradisi, praktik, agama, dan gaya hidup mereka. Kita harus membawa mereka kepada Kristus, bukan mengikuti gaya hidup mereka, karena kita adalah orang-orang kudus Allah yang hidup. Ini bukan tentang kebencian. Ini adalah tentang perjalanan rohani kita dengan Tuhan - untuk hidup dalam kekudusan sebagai orang-orang kudus Allah, untuk memisahkan diri dan hidup bagi Allah.

Begitu kita sudah berada di puncak gunung, giliran kita untuk mengulurkan tangan, mengangkat mereka ke puncak, dan tidak membiarkan mereka binasa dalam dosa-dosa mereka dan jatuh ke dalam lautan api. Menurut Alkitab, setiap orang yang telah menerima Yesus Kristus dengan iman adalah orang kudus. Orang-orang kudus ada di bumi. Ini adalah salah satu identitas kita di dalam Kristus. Kita harus mengetahui hal ini. Berikut adalah beberapa ayat yang menunjukkan bahwa kita, orang-orang Kristen yang masih hidup, adalah orang-orang kudus yang masih hidup.

Roma 1:7, "Kepada kamu sekalian yang tinggal di Roma, yang dikasihi Allah, yang dipanggil dan dijadikan orang-orang kudus: Kasih karunia menyertai kamu dan damai sejahtera dari Allah, Bapa kita, dan dari Tuhan Yesus Kristus."

Efesus 2:19 mengatakan, "Demikianlah kamu bukan lagi orang asing dan pendatang, melainkan kawan sewarga dari orang-orang kudus dan anggota-anggota keluarga Allah."

Kolose 1:26 menyatakan, "Yaitu rahasia yang tersembunyi dari abad ke abad dan dari turunan ke turunan, tetapi yang sekarang dinyatakan kepada orang-orang kudus-Nya."

Efesus 5:3, "Tetapi percabulan dan rupa-rupa kecemaran atau keserakahan disebut saja pun jangan di antara kamu, sebagaimana sepatutnya bagi orang-orang kudus."

Bab 9: Memerintah bersama Kristus

Langkah terakhir yang saya ambil untuk berada di puncak gunung dalam mimpi saya adalah memerintah bersama Kristus. Ada tertulis dalam Wahyu 1:6, "Dan yang telah membuat kita menjadi suatu kerajaan, menjadi imam-imam bagi Allah, Bapa-Nya, – bagi Dialah kemuliaan dan kuasa sampai selama-lamanya. Amin." Dalam Wahyu 5:10, juga tertulis, "Dan Engkau telah membuat mereka menjadi suatu kerajaan, dan menjadi imam-imam bagi Allah kita, dan mereka akan memerintah sebagai raja di bumi."

Berdasarkan kedua ayat ini, jelaslah bahwa Kristus telah menebus kita bagi diri-Nya sendiri sehingga kita dapat memerintah di bumi. Ini berarti kita semua sedang dalam proses untuk menjadi imam dan raja. Pertama, penebusan kita adalah untuk memerintah sebagai imam dan kemudian memerintah sebagai raja di bumi. Menurut pendapat saya, kita sudah berfungsi sebagai imam dengan mempersembahkan doa, pujian dan penyembahan, pelayanan, dan melayani orang lain. (Membantu dan mendorong mereka).

1 Petrus 2:5 mengatakan, "Dan biarlah kamu juga dipergunakan sebagai batu hidup untuk pembangunan suatu rumah rohani, bagi suatu imamat kudus, untuk mempersembahkan persembahan rohani yang karena Yesus Kristus berkenan kepada Allah." Juga tertulis dalam 1 Petrus 2:9, "Tetapi kamulah bangsa yang terpilih, imamat yang rajani, bangsa yang kudus, umat kepunyaan Allah sendiri, supaya kamu memberitakan perbuatan-perbuatan yang besar dari Dia, yang telah memanggil kamu keluar dari kegelapan kepada terang-Nya yang ajaib:"

Dalam 2 Korintus 5:20, dinyatakan, "Jadi kami ini adalah utusan-utusan Kristus, seakan-akan Allah menasihati kamu dengan perantaraan kami; dalam nama Kristus kami meminta kepadamu: berilah dirimu didamaikan dengan Allah." Dari ayat ini, kita tahu bahwa kita juga adalah duta Kristus. Oleh karena itu, kita sebagai orang Kristen harus menjadi teladan yang baik dalam segala hal yang kita lakukan.

Berdoalah agar kita dapat menjadi duta-duta Tuhan yang terbaik. Haleluya!

Dalam Wahyu 20:4, dinyatakan bahwa orang-orang kudus memerintah bersama Kristus selama seribu tahun.

Maka pemerintahan, kekuasaan dan kebesaran dari kerajaan-kerajaan di bawah semesta langit akan diberikan kepada orang-orang kudus, umat Yang Mahatinggi: pemerintahan mereka adalah pemerintahan yang kekal, dan segala kekuasaan akan mengabdi dan patuh kepada mereka. (Daniel 7:27)

Wahyu 2:25-26 menyatakan, "Tetapi apa yang ada padamu, peganglah itu sampai Aku datang. Dan barangsiapa menang dan melakukan pekerjaan-Ku sampai kesudahannya, kepadanya akan Kukaruniakan kuasa atas bangsa-bangsa."

Orang-orang kudus akan menghakimi dunia dan para malaikat. (1 Korintus 6:1-3)

Pengangkatan

Saya percaya setiap orang percaya (gereja yang dipenuhi Roh Kudus) yang mempersiapkan diri bagi Kristus akan dibawa ke surga. Saya menerima banyak mimpi dan penglihatan tentang pengangkatan dan saya percaya bahwa pengangkatan itu nyata. Tetapi saya tidak yakin tentang hari dan jam kapan tepatnya pengangkatan akan terjadi, tetapi saya percaya bahwa hal itu dapat terjadi secara tiba-tiba. Kita hanya perlu bersiap-siap. Saya membagikan beberapa mimpi dan penglihatan pengangkatan saya di sini:

1) Suara sangkakala bertiup di langit; saya dan keluarga saya melihat ke luar jendela, lalu saya terbangun dari tidur saya.

2) Saya bermimpi di mana saya dan keluarga saya tiba-tiba berada di atas awan. Kami berada di atas awan, dan saya melihat banyak keluarga di sana-sini, dan saya panik dalam mimpi itu. Saya melihat lingkungan seperti jalan raya, tetapi di mana-mana tertutup awan besar.

3) Suatu hari, ketika sedang berdoa, saya menerima sebuah penglihatan yang berhubungan dengan peristiwa pengangkatan. Pada

awalnya, saya melihat sebuah pipa awan. Kemudian saya melihat keluarga saya dan saya berada di dalam awan. Setelah itu, saya melihat keluarga-keluarga lain di sana-sini, tetapi saya tidak dapat melihat wajah mereka. Kami berada di atas awan, dan pemandangan di sana terlihat seperti jalan raya yang sangat luas yang ditutupi oleh awan besar di semua tempat.

4) Saya melihat keluarga saya dan saya mengenakan pakaian putih sambil memegang duan palem di tangan kami bersama banyak orang. Penglihatan ini mengkonfirmasi mimpi saya sebelumnya.

Pernikahan Anak Domba dan takhta penghakiman Kristus akan terjadi di masa depan. Kedatangan Yesus yang kedua kali akan terjadi. Setelah Yesus mengalahkan tentara dunia, kita, orang-orang kudus, akan kembali bersama-Nya ke bumi.

Tuhan Yesus Menunggang Kuda Putih Bersama Para Kudus

Dahulu kala, saya mendapatkan sebuah penglihatan di mana saya menunggang kuda putih bersama banyak orang. Saya tidak dapat melihat wajah dan kuda mereka dengan jelas, tetapi saya dapat mengatakan bahwa itu adalah pasukan yang besar. Kemudian, saya melihat Tuhan Yesus menunggang kuda putih dari belakang dan memimpin pasukan tersebut. Lingkungan menunjukkan bahwa kita juga akan kembali ke bumi. Ada tertulis dalam Wahyu 19:11-14, "Lalu aku melihat sorga terbuka: sesungguhnya, ada seekor kuda putih; dan Ia yang menungganginya bernama: "Yang Setia dan Yang Benar", Ia menghakimi dan berperang dengan adil. Dan mata-Nya bagaikan nyala api dan di atas kepala-Nya terdapat banyak mahkota dan pada-Nya ada tertulis suatu nama yang tidak diketahui seorang pun, kecuali Ia sendiri. Dan Ia memakai jubah yang telah dicelup dalam darah dan nama-Nya ialah: "Firman Allah." Dan semua pasukan yang di sorga mengikuti Dia; mereka menunggang kuda putih dan memakai lenan halus yang putih bersih." Haleluya! Segala kemuliaan bagi Tuhan kita Yesus Kristus!

Setelah saya membaca ayat ini, saya seratus persen yakin bahwa semua peristiwa ini akan terjadi di masa depan. Alkitab mengatakan bahwa kita, orang-orang Kristen, akan menjadi bagian dari pemerintahan. Kita akan memiliki tanggung jawab yang baru. Jadi bersiaplah. Kita semua harus siap dan serius dengan panggilan kita. Tuhan Yesus akan datang. Raja kita akan datang! Haleluya! Segala kemuliaan bagi Tuhan kita Yesus Kristus!

Bab 10: Daging vs Roh

Alkitab mengatakan bahwa Allah menciptakan manusia itu menurut gambar-Nya, menurut gambar Allah diciptakan-Nya dia; laki-laki dan perempuan diciptakan-Nya mereka. (Kejadian 1:27) Kita diciptakan Allah dengan dahsyat dan ajaib. (Mazmur 139:14) Ketika Adam dan Hawa pertama kali diciptakan, mereka berdua baik dan tidak berdosa. Namun, setelah mereka jatuh dalam dosa, sifat alamiah mereka tercemar, dan keturunan mereka mewarisi kerusakan ini.

Menurut Paulus, semua bagian tubuh membentuk "daging", yang penuh dengan dosa sehingga di mana pun ada daging, di situ ada dosa dalam berbagai bentuknya, dan tidak ada yang baik yang dapat hidup. Galatia 5:19-21 menjelaskan lebih lanjut kepada kita bahwa, "Perbuatan daging telah nyata, yaitu: percabulan, kecemaran, hawa nafsu, penyembahan berhala, sihir, perseteruan, perselisihan, iri hati, amarah, kepentingan diri sendiri, percideraan, roh pemecah, kedengkian, kemabukan, pesta pora dan sebagainya. Terhadap semuanya itu kuperingatkan kamu – seperti yang telah kubuat dahulu – bahwa barangsiapa melakukan hal-hal yang demikian, ia tidak akan mendapat bagian dalam Kerajaan Allah."

'Daging' mengacu pada sifat alami kita yang berpusat pada diri sendiri (manusia lama), yang secara alami cenderung berbuat dosa. Hati kita perlu diperbarui dengan firman Tuhan. Kita, orang Kristen, memiliki dua sifat. Yang pertama adalah sifat kita yang berdosa, yang disebut daging, dan yang kedua adalah kehidupan baru yang Tuhan berikan kepada kita ketika kita menerima Kristus. Dan kehidupan baru ini dikendalikan oleh Roh Kudus. Daging akan terus berjuang melawan roh kita. Daging melakukan apa yang diinginkannya dengan memuaskan hawa nafsu dan keinginan tanpa mengkhawatirkan konsekuensinya. Untuk mengatasi kecanduan, nafsu, atau kelemahan dalam hidup kita, kita membutuhkan Yesus untuk menolong kita. Hanya Tuhan yang dapat menolong kita mengatasi kelemahan kita.

Seorang Pria Mirip Saya

Saya masih ingat melihat seorang pria di alam roh yang terlihat seperti saya di puncak gunung yang tinggi. Saya terkejut melihatnya. Apa urusannya di gunung ini? Saya hanya merasa bahwa dia memiliki hubungan dengan saya. Tapi sepertinya dia adalah musuh saya dan tidak begitu menyukai saya. Saya mencoba untuk mengalahkannya, tetapi dia terus muncul di depan saya berulang kali, seperti permainan komputer. Saya harus mengalahkannya lagi dan lagi. Saya tidak tahu mengapa dia terlalu kuat untuk dikalahkan. Saya merasa aneh. Saya terus bertarung dengannya, meninju dan menendangnya hingga saya mendorong dan menendangnya keluar dari tebing. Adegan atau penglihatan ini mengingatkan saya akan daging saya yang bertarung dengan roh saya. Galatia 5:17 menyatakan, "Sebab keinginan daging berlawanan dengan keinginan Roh dan keinginan Roh berlawanan dengan keinginan daging – karena keduanya bertentangan – sehingga kamu setiap kali tidak melakukan apa yang kamu kehendaki."

Paulus berkata dalam Roma 8:13, "Sebab, jika kamu hidup menurut daging, kamu akan mati; tetapi jika oleh Roh kamu mematikan perbuatan-perbuatan tubuhmu, kamu akan hidup." Karena keinginan daging adalah maut, tetapi keinginan Roh adalah hidup dan damai sejahtera. (Roma 8:6) Mereka yang hidup dalam daging, tidak mungkin berkenan kepada Allah. (Roma 8:8) Akan tetapi jikalau kamu memberi dirimu dipimpin oleh Roh, maka kamu tidak hidup di bawah hukum Taurat. (Galatia 5:18)

Saya mengerti bahwa, sebagai anak-anak Allah, saya harus selalu berjalan di dalam Roh. Semua orang, yang dipimpin Roh Allah, adalah anak Allah. (Roma 8:14) Galatia 5:24-25 menyatakan, "Barangsiapa menjadi milik Kristus Yesus, ia telah menyalibkan daging dengan segala hawa nafsu dan keinginannya. Jikalau kita hidup oleh Roh, baiklah hidup kita juga dipimpin oleh Roh." Haleluya!

Salibkan Dagingmu!

Ketika saya masih muda, saya sering mendapat penglihatan tentang diri saya disalibkan di kayu salib. Dan kadang-kadang saya mendengar sebuah suara yang berkata, "Salibkan dagingmu! Salibkan dagingmu!" Saya tidak tahu apa-apa tentang hal ini sebelumnya, tetapi sekarang saya mengerti. Kita perlu menyalibkan keinginan kita. Hanya ketika daging kita tunduk pada manusia roh kita, dan roh kita tunduk pada Roh Kudus, barulah kita dapat mengalahkan daging. Seperti yang saya lihat di alam roh, manusia roh saya bertarung, meninju, menendang, dan mendorong daging dari gunung yang tinggi; dengan cara yang sama kita semua harus menendang semua kebiasaan buruk dan pola dosa kita. Kita harus menjadikan Yesus sebagai teladan dan mengikuti jejak-Nya. Haleluya! Segala kemuliaan bagi Tuhan Yesus!

Galatia 2:20 juga memberi kita pemahaman yang lebih baik, yang menyatakan, "Namun aku hidup, tetapi bukan lagi aku sendiri yang hidup, melainkan Kristus yang hidup di dalam aku. Dan hidupku yang kuhidupi sekarang di dalam daging, adalah hidup oleh iman dalam Anak Allah yang telah mengasihi aku dan menyerahkan diri-Nya untuk aku." Demikianlah sekarang tidak ada penghukuman bagi mereka yang ada di dalam Kristus Yesus. Roh, yang memberi hidup telah memerdekakan kamu dalam Kristus dari hukum dosa dan hukum maut. (Roma 8:1-2) Haleluya!

Saat ini, orang menghabiskan lebih banyak waktu di gym atau di taman untuk merawat tubuh mereka. Mereka biasa melakukan banyak olahraga untuk menjaga tubuh mereka tetap sehat. Ya, tentu saja, itu adalah hal yang baik dan benar untuk dilakukan, tetapi pada saat yang sama, kita sebagai orang Kristen harus mengingat pentingnya memperkuat manusia batiniah. Ada tertulis dalam 1 Timotius 4:8, "Latihan badani terbatas gunanya, tetapi ibadah itu berguna dalam segala hal, karena mengandung janji, baik untuk hidup ini maupun untuk hidup yang akan datang." 'Manusia batiniah' mengacu pada sisi rohani kita-jiwa dan roh. Ada tertulis dalam Efesus 3:16, "Aku berdoa supaya Ia, menurut kekayaan kemuliaan-Nya, menguatkan dan meneguhkan kamu oleh Roh-Nya di dalam batinmu."

Saya mengerti sekarang bahwa orang Kristen harus terus menerus makan makanan rohani - firman Tuhan. Kita mendapatkan kekuatan rohani di dalam batin kita ketika kita terus menerus membaca firman Tuhan, merenungkan ayat-ayat Alkitab siang dan malam, menyoroti ayat tersebut dan mempelajarinya, menghafalkan ayat-ayat tersebut, dan menerapkan firman Tuhan dalam hidup kita Jadi, iman timbul dari pendengaran, dan pendengaran oleh firman Kristus. (Roma 10:17)

Doa, ditambah dengan pengakuan akan firman Tuhan, juga dapat menguatkan manusia batiniah kita. Kita harus selalu berpikiran doa. Kita harus tekun berdoa untuk diri kita sendiri dan orang lain. Jika kita mau menghabiskan lebih banyak waktu dengan Tuhan dan menantikan-Nya dengan sabar dan dalam keadaan diam, kita mungkin akan mendengar Tuhan berbicara kepada kita. Berdoa di dalam Roh juga dapat menguatkan manusia batiniah kita. Kita, sebagai orang percaya, perlu membiarkan Roh Kudus memimpin hidup kita. Manusia rohani adalah manusia yang memiliki karakter yang dipimpin oleh Roh Kudus dan menghasilkan buah-buah Roh. (Galatia 5:22-23) Ketika kita terus hidup dalam kekudusan dan menghasilkan buah-buah Roh, maka akan sulit bagi kedagingan untuk mengalahkan Roh.

Tentu saja, kita sebagai manusia terkadang melakukan kesalahan tanpa disadari, tetapi kita harus segera bertobat dan terus berjalan di dalam Roh. Dengan cara ini, manusia batiniah kita dapat dihidupkan kembali dan diberi energi. Kita juga harus mengarahkan pikiran kita kepada perkara yang di atas, bukan yang di bumi seperti yang tertulis dalam Kolose 3:1-2. 1 Petrus 2:11 mengatakan, "Jauhkanlah diri dari keinginan-keinginan daging yang berjuang melawan jiwa." Galatia 5:16 menyatakan, "Hiduplah oleh Roh, maka kamu tidak akan menuruti keinginan daging."

Ada banyak berkat dari bergabung dalam kebaktian Penyembahan, kelompok Doa, kelompok Sel, atau kelas Alkitab yang tidak disadari oleh banyak orang. Persekutuan dengan saudara dan saudari kita di dalam Kristus juga dapat menguatkan manusia batiniah kita. Kita dapat bertumbuh secara rohani di dalam Kristus. Kita juga dapat berdoa dan menghibur satu sama lain dengan firman Tuhan. Kita harus belajar untuk berkata 'TIDAK' terhadap kejahatan dan dosa. Kita harus memiliki disiplin diri dan pengendalian diri dalam hidup kita sehingga kita tidak jatuh ke dalam dosa dan melemahkan manusia batiniah.

Sekarang saya mengerti bahwa daging dan Roh tidak akan pernah berhenti berperang satu sama lain. Mereka saling bertentangan satu sama lain. Itulah yang kita semua alami setiap hari. Daging tidak pernah berhenti berusaha untuk memuaskan hawa nafsu dan keinginannya sampai akhir. Sementara Roh tidak akan pernah berhenti menyenangkan dan mendekatkan diri kepada Tuhan. Alkitab dengan jelas mengatakan bahwa jika kita hidup menurut daging, kita akan mati, tetapi jika menurut Roh, kita akan hidup. Peperangan yang paling penting bagi kita, orang Kristen, adalah mengalahkan kedagingan. Kedagingan ingin berbuat dosa. Kita harus menyangkal diri, memikul salib, dan mengikut Yesus. (Matius 16:24). Haleluya! Segala kemuliaan bagi Allah!

Bab 11: Doa

Duduk & Berlutut

Di sini, saya ingin berbagi mimpi saya yang lain. Dalam mimpi ini, saya melihat diri saya duduk dan berlutut di puncak gunung dan di samping saya ada pohon. Baru-baru ini, saya baru mengetahui arti dari mimpi ini. Saya duduk di puncak gunung karena saya biasa duduk di hadapan Tuhan dan berdoa kepada-Nya. Saya merasa lebih nyaman dalam posisi ini. Bahkan Raja Daud pun duduk di hadapan Tuhan dan mengucapkan doa syukur. (2 Samuel 7:18) Ketika berbicara tentang berlutut, ayat-ayat dalam Filipi 2:10-11 muncul di benak saya, yang tertulis, "Supaya dalam nama Yesus bertekuk lutut segala yang ada di langit dan yang ada di atas bumi dan yang ada di bawah bumi, dan segala lidah mengaku: "Yesus Kristus adalah Tuhan," bagi kemuliaan Allah, Bapa!" Itulah sebabnya aku sujud kepada Bapa. (Efesus 3:14) Mazmur 95:6 menyatakan, "Masuklah, marilah kita sujud menyembah, berlutut di hadapan Tuhan yang menjadikan kita." Haleluya!

Alkitab menyebut hikmat sebagai pohon kehidupan. (Amsal 3:18) Saya pikir pohon yang saya lihat dalam mimpi saya adalah tentang keinginan untuk mengetahui lebih banyak tentang Tuhan, pertumbuhan rohani, bimbingan ilahi, dan pembaharuan hidup. Amsal 13:12 menyatakan, "Harapan yang tertunda menyedihkan hati, tetapi keinginan yang terpenuhi adalah pohon kehidupan." Saya percaya bahwa saya menerima mimpi ini terutama karena kehidupan doa saya. Kadang-kadang, saya duduk dan berdoa; kadang-kadang, saya berlutut dan berdoa; dan kadang-kadang, saya berdiri dan berdoa.

Doa adalah hal yang sangat penting dalam kehidupan seorang Kristen. Doa dapat membawa kita lebih dekat kepada Tuhan. Doa dapat mengembangkan hubungan kita dengan Tuhan, membantu kita untuk terhubung dengan-Nya dan menyelaraskan hati kita dengan-Nya. Doa juga merupakan cara bagi kita untuk menghabiskan waktu dengan

Tuhan, mencari pengampunan dan bimbingan-Nya, dan membangun hubungan dengan-Nya. Berdoa setiap hari untuk memohon hikmat adalah hal yang benar untuk dilakukan. Bapa Surgawi kita ingin kita berkomunikasi dengan-Nya melalui doa. Dia begitu setia mendengarkan doa-doa kita. Doa harian kita dapat mengundang berkat-berkat ke dalam hidup kita dan orang lain.

Alkitab mengatakan bahwa doa orang yang benar, bila dengan yakin didoakan, sangat besar kuasanya. (Yakobus 5:16) Kita harus terus bertekun dalam doa. (Kolose 4:2) Bahkan air mata pun adalah doa. Air mata mengalir kepada Allah ketika kita tidak dapat berbicara. (Mazmur 56:9) 1 Korintus 14:15 mengatakan bahwa kita dapat berdoa dengan akal dan roh. Kita juga perlu berjaga-jaga dan berdoa agar jangan jatuh ke dalam pencobaan. (Matius 26:41)

Filipi 4:6 menyatakan, "Janganlah hendaknya kamu kuatir tentang apa pun juga, tetapi nyatakanlah dalam segala hal keinginanmu kepada Allah dalam doa dan permohonan dengan ucapan syukur."

Kita juga perlu berdoa di dalam Roh, seperti yang dikatakan dalam Efesus 6:18, "Berdoalah setiap waktu di dalam Roh dan berjaga-jagalah di dalam doamu itu dengan permohonan yang tak putus-putusnya untuk segala orang Kudus." 1 Tesalonika 5:16-18 menyatakan, "Bersukacitalah senantiasa. Tetaplah berdoa. Mengucap syukurlah dalam segala hal, sebab itulah yang dikehendaki Allah di dalam Kristus Yesus bagi kamu." Haleluya!

Setiap kali kita berdoa kepada Tuhan, hal itu membawa kedamaian dan sukacita ke dalam hati kita, dan kita dapat yakin bahwa Tuhan mendengar doa-doa kita. Tuhan dekat pada setiap orang yang berseru kepada-Nya, pada setiap orang yang berseru kepada-Nya dalam kesetiaan. (Mazmur 145:18) Kita dapat mempercayai Dia karena Dia adalah Tuhan dan Juruselamat kita. Dia adalah Raja kita, pelindung kita, pembebas kita, penyedia kita, penyembuh kita, perisai kita, pejuang kita, pembela kita, Mesias kita, Penebus kita, Raja Damai, jalan, kebenaran dan hidup, Singa dari suku Yehuda, dan pengharapan kita. Ingatlah satu hal ini: Orang Kristen yang berkemenangan adalah orang Kristen yang berdoa. Haleluya! Segala kemuliaan bagi Tuhan kita Yesus Kristus!

Bab 12: Lihat, Itu Allahmu

"Untuk Melihat"

Di sini, saya ingin berbagi mimpi saya tentang 'berdiri di puncak gunung.' Dalam mimpi ini, saya melihat guruh mengguntur dan kilat sabung- menyabung di mana-mana di atas gunung. Saya terkejut melihat diri saya berdiri di puncak gunung dan berkata, 'Lihat, itu Allahmu.' Saya tidak tahu mengapa atau apa yang saya lakukan di sana!! Dan apa arti mimpi itu? Sejauh yang saya tahu, pada zaman Musa, ketika bangsa Israel melihat guruh mengguntur, kilat sabung-menyabung, sangkakala berbunyi dan gunung berasap, mereka takut dan gemetar dan mereka berdiri jauh-jauh. Kita dapat membaca hal ini dalam Keluaran 20:18.

Tetapi saya masih tidak mengerti mengapa saya menerima mimpi seperti ini. Tetapi kemudian Tuhan membuka mata saya. Sebuah ayat dalam Yesaya 40:9 menarik perhatian saya, yang tertulis: "Hai Sion, pembawa kabar baik, naiklah ke atas gunung yang tinggi! Hai Yerusalem, pembawa kabar baik, nyaringkanlah suaramu kuat-kuat, nyaringkanlah suaramu, jangan takut! Katakanlah kepada kota-kota Yehuda: "Lihat, itu Allahmu!" Mata saya tertuju pada kata-kata 'Lihat, itu Allahmu,' yang merupakan kata-kata yang sama persis dengan yang ada di dalam mimpi saya. Haleluya! 'Lihatlah' berarti 'melihat.' Nabi Yesaya mengajak umat Allah untuk melihat, memandang, dan menyaksikan Allah mereka ketika Dia datang dengan keselamatan dan penebusan bagi umat-Nya. Ini adalah nubuat Injil.

Nabi Yesaya mengatakan bahwa kemuliaan Tuhan akan dinyatakan. (Yesaya 40:5)

Nabi Yesaya juga mengatakan Sesungguhnya, seorang perempuan muda mengandung dan akan melahirkan seorang anak laki-laki, dan ia akan menamakan Dia Imanuel. (Yesaya 7:14)

Dalam Yohanes 1:14, "Firman itu telah menjadi manusia, dan diam di antara kita, dan kita telah melihat kemuliaan-Nya, yaitu kemuliaan yang diberikan kepada-Nya sebagai Anak Tunggal Bapa, penuh kasih karunia dan kebenaran." Haleluya!

Allah telah menjadi manusia di dalam Yesus Kristus. Dia adalah cahaya kemuliaan Allah dan gambar wujud Allah. (Ibrani 1:3)

Sebab dalam Dialah berdiam secara jasmaniah seluruh kepenuhan ke-Allahan. (Kolose 2:9)

Kita beroleh terang dari pengetahuan tentang kemuliaan Allah yang nampak pada wajah Kristus. (2 Korintus 4:6)

Oleh karena itu, sebagai orang yang percaya kepada Kristus, kita harus tahu bagaimana memuliakan Allah kita. Allah dimuliakan di dalam ketaatan kita untuk mengikuti jalan Kristus. Jadi, Jika engkau makan atau jika engkau minum, atau jika engkau melakukan sesuatu yang lain, lakukanlah semuanya itu untuk kemuliaan Allah. (1 Korintus 10:31)

Tertulis dalam Mazmur 63:4, "Sebab kasih setia-Mu lebih baik dari pada hidup; bibirku akan memegahkan Engkau." Haleluya!

Berjalan di Atas Air

Di sini, saya ingin berbagi mimpi lain di mana saya melihat diri saya berjalan di atas air dan Tuhan Yesus berdiri di hadapan saya. Situasinya sama seperti Petrus yang berjalan di atas air. (Matius 14:28-33) Tetapi dalam mimpi ini, saya tenggelam berkali-kali tetapi akhirnya saya meraih Yesus dan memeluk-Nya. Tuhan Yesus senang melihat saya. Saya tahu sekarang alasan saya tenggelam beberapa kali adalah karena saya terlalu fokus pada badai dalam hidup dan bukannya fokus pada Yesus. Saya berkonsentrasi pada kegagalan saya di masa lalu dan membiarkan rasa takut mengendalikan hidup saya. Saya harus fokus pada firman dan janji-janji Tuhan dalam hidup saya. Kita harus menyerahkan seluruh hidup kita kepada-Nya, apapun badai yang kita hadapi. Kita harus memusatkan seluruh hidup kita kepada Tuhan Yesus Kristus.

Kita harus memandang Tuhan Yesus dan berjalan kepada-Nya dengan sungguh-sungguh. Dia adalah Allah kita, dan Dia akan menolong kita. Ketika saya menoleh ke belakang, saya melihat seseorang yang dekat dengan saya sedang mencoba berjalan di atas air tetapi tenggelam juga. Kemudian saya terbangun dari tidur saya. Mimpi ini menyadarkan saya bahwa kita sebagai orang percaya tidak boleh berputus asa untuk mendekatkan diri kepada Tuhan. Dia menunggu kita semua dengan harapan penuh bahwa kita dapat mencapai-Nya. Jangan kehilangan kepercayaan diri Anda; Tuhan telah membawa kita sejauh ini; pasti, dengan kasih karunia-Nya, Dia akan mengangkat kita untuk bersama dengan-Nya selama-lamanya. Ada tertulis dalam Yesaya 41:10, "Janganlah takut, sebab Aku menyertai engkau, janganlah bimbang, sebab Aku ini Allahmu; Aku akan meneguhkan, bahkan akan menolong engkau; Aku akan memegang engkau dengan tangan kanan-Ku yang membawa kemenangan." Haleluya!

Ketika saya mengatakan 'Lihat, itu Allahmu' di puncak gunung itu, kedua tangan saya terangkat. Pada awalnya, saya tidak berniat untuk menceritakan hal ini, tetapi kemudian hati saya tergerak untuk membaca tentang pengangkatan tangan kepada Tuhan. Kita tahu dalam Alkitab bahwa Israel menang setiap kali Musa mengangkat tangannya, dan Amalek menang setiap kali dia menurunkan tangannya. (Keluaran 17:11) Juga tertulis dalam Ratapan 3:41, "Marilah kita mengangkat hati dan tangan kita kepada Allah di sorga." Saya mengerti sekarang bahwa mengangkat tangan dapat berarti menyerahkan seluruh kehidupan kepada Tuhan. Hal ini sama seperti kita mempersembahkan diri kita sebagai orang yang berdedikasi dan dikuduskan kepada Tuhan. Sama seperti seorang anak kecil yang mengangkat tangan kepada ayahnya, demikian pula kita, sebagai anak-anak Allah, mengangkat tangan kita kepada Bapa yang terkasih di Surga. Haleluya!

Suatu hari, ketika saya dan keluarga sedang berdoa pagi, saya melihat anak saya berdoa dengan tangan bebas, dan saya memintanya untuk berdoa sambil mengangkat tangannya kepada Tuhan. Saya tahu bahwa tidak ada perintah bagi umat Kristen untuk mengangkat tangan sewaktu berdoa. Namun, ini adalah tentang menghormati Tuhan. Kita harus menunjukkan rasa hormat yang paling tinggi kepada Tuhan yang kita cintai. Ketika kita berdoa kepada Tuhan, kita perlu melayani Tuhan dengan segenap hati, segenap jiwa, segenap akal budi, dan segenap kekuatan kita. Lebih jauh lagi, Amsal 22:6 mengajarkan, "Didiklah orang muda menurut jalan yang patut baginya, maka pada masa tuanya pun ia tidak akan menyimpang dari pada jalan itu."

1 Timotius 2:8 berkata, "Oleh karena itu aku ingin, supaya di mana-mana orang laki-laki berdoa dengan menadahkan tangan yang suci, tanpa marah dan tanpa perselisihan." Haleluya! Alkitab mengatakan bahwa kita dapat mengangkat tangan kita ketika waktunya tiba untuk berdoa: Mazmur 28:2 menyatakan, "Dengarkanlah suara permohonanku, apabila aku berteriak kepada-Mu minta tolong, dan mengangkat tanganku ke arah tempat-Mu yang maha kudus." Kita juga dapat mengangkat tangan untuk memberkati orang lain. Dalam Mazmur 134:2 dinyatakan, "Angkatlah tanganmu ke tempat kudus dan pujilah Tuhan!"

Kita juga dapat meminta Tuhan untuk mengangkat tangan-Nya untuk menolong kita. Ada tertulis dalam Mazmur 10:12, "Bangkitlah, Tuhan ! Ya Allah, ulurkanlah tangan-Mu, janganlah lupakan orang-orang yang tertindas." Mazmur ini adalah sebuah doa agar Tuhan bangkit dan memperhatikan mereka yang menderita dan tak berdaya. Tuhan tidak akan pernah meninggalkan anak-anak-Nya. Dia tidak akan pernah meninggalkan kita sendirian, terutama pada masa-masa sulit ini. Tuhan melihat masalah kita. Dia mendengarkan permohonan kita. Tuhan adalah pembela kita. Dia akan menolong kita. Berpeganglah pada iman Anda kepada-Nya sampai akhir. Ada tertulis dalam Mazmur 63:5, "Demikianlah aku mau memuji Engkau seumur hidupku dan menaikkan tanganku demi nama-Mu." Haleluya! Segala kemuliaan bagi Tuhan!

Bab 13: Takut atau Iman

Ruang Operasi

Di sini, saya ingin membagikan kesaksian saya tentang rasa takut dan iman. Selama beberapa hari, saya merasa hati saya gelisah. Beberapa perasaan negatif membuat saya ingin mengutuk atau mengatakan hal-hal yang jahat dari dalam hati. Saya berdoa dan berpuasa untuk menyingkirkan perasaan-perasaan ini. Akhirnya, saya menyerahkan situasi ini ke tangan Tuhan. Saya mengatakan dengan tulus kepada-Nya bahwa saya tidak bisa mengatasi hal ini lagi. Tuhan, tolong menangkanlah perjuangan saya dan berikanlah saya kemenangan. Tolong saya, Tuhan. Suatu hari, ketika sedang berdoa, saya melihat sebuah penglihatan tentang saya di ruang operasi. Mereka terus mencari penyakit saya, mulai dari kepala saya. Dan mereka berkata dalam hati, 'Tidak ada yang salah dengan orang ini." Saya dapat mendengar kedua dokter berbicara, dan mereka memeriksa saya dengan sangat serius, tetapi tetap tidak dapat menemukan masalahnya. Kedua dokter ini terus mendiskusikan masalah saya sambil melihat komputer. Tetapi kemudian, ketika saya terus berdoa, dokter menemukan masalah saya. Kemudian, saya melihat diri saya menjadi lebih baik setiap hari, mulai duduk, berdiri, melihat ke jendela, dan melakukan peregangan. Setelah itu, saya mengemasi barang-barang saya untuk pulang.

Saya tidak percaya dengan apa yang saya lihat ketika saya melihat surat pelepasan. Para dokter mendiagnosis penyakit saya dengan 'rasa takut'. Dan mereka memberi saya obat 'iman'. Kemudian, saya melihat Tuhan Yesus menjemput saya dan membawa saya ke rumah-Nya, yang ada di surga. Pada saat itu, dalam kondisi nyata saya, saya baru saja menyelesaikan poin-poin doa untuk iman dan poin-poin doa untuk mengatasi rasa takut. Segala kemuliaan bagi Tuhan. Terima kasih, Yesus. Setelah menyelesaikan doa dan melihat penglihatan itu, saya merasa tenang, dan rasa takut itu pergi dari diri saya. Saya merasa sangat diberkati pada hari itu. Tuhan membebaskan saya dari semua ketakutan saya. Saya tidak pernah berpikir bahwa itu adalah ketakutan. Haleluya! Ketakutan adalah penyakit yang menyerang kebanyakan orang saat ini. Ini menyebabkan penderitaan, rasa sakit, dan penyakit, dan bahkan banyak yang mati bunuh diri karenanya. Ini adalah penyakit yang paling tidak dapat disembuhkan yang menyerang seluruh dunia saat ini. Tidak ada obat untuk rasa takut, tetapi jangan kehilangan harapan.

Iman menghasilkan ketekunan. (Yakobus 1:3)

Iman adalah dasar dari segala sesuatu yang kita harapkan dan bukti dari segala sesuatu yang tidak kita lihat. (Ibrani 11:1)

Dalam Ibrani 11:6 dinyatakan, "Tetapi tanpa iman tidak mungkin orang berkenan kepada Allah. Sebab barangsiapa berpaling kepada Allah, ia harus percaya bahwa Allah ada, dan bahwa Allah memberi upah kepada orang yang sungguh-sungguh mencari Dia."

Alkitab berkata dalam Mazmur 55:23, "Serahkanlah kuatirmu kepada Tuhan , maka Ia akan memelihara engkau! Tidak untuk selama-lamanya dibiarkan-Nya orang benar itu goyah."

Siapakah di antara kamu yang karena kekuatirannya dapat menambahkan sehasta pada jalan hidupnya? Jadi, jikalau kamu tidak sanggup membuat barang yang paling kecil, mengapa kamu kuatir akan hal-hal lain? (Lukas 12:25-26)

Sebab itu janganlah kamu kuatir akan hari besok, karena hari besok mempunyai kesusahannya sendiri. Kesusahan sehari cukuplah untuk sehari. (Matius 6:34)

Dalam 1 Yohanes 5:4, "Sebab semua yang lahir dari Allah, mengalahkan dunia. Dan inilah kemenangan yang mengalahkan dunia: iman kita." Haleluya!

Bab 14: Peperangan Rohani

Busur dan Anak Panah

Suatu hari, saya melihat diri saya di alam roh memegang busur dan anak panah di atas gunung, dan Yesus berdiri di sisi kanan saya. Kemudian, saya melihat diri saya melepaskan anak panah langsung ke dada musuh di dasar gunung. Situasi itu tampak seperti Yesus sedang membimbing saya untuk mengalahkan musuh. Pengalaman ini mengingatkan saya pada ayat dalam Mazmur 144:1, yang berbunyi, "Terpujilah Tuhan, gunung batuku, yang mengajar tanganku untuk bertempur, dan jari-jariku untuk berperang." Setelah bertahun-tahun, saya mengerti sekarang bahwa bukan karena saya atau busur dan anak panah yang saya pegang yang membuat musuh-musuh takut, tetapi karena Tuhan menyertai saya! Tuhan Yesus menyertai saya! Raja di atas segala raja menyertai saya! Tuhan di atas segala Tuhan menyertai aku! Singa Yehuda menyertai saya! Pertempuran adalah milik Tuhan. (1 Samuel 17:47) Tuhan berperang dalam semua pertempuran kita. Sebagai anak Tuhan, kita harus menyerahkan semua aspek kehidupan kepada-Nya dan melakukan apa yang Tuhan ajarkan kepada kita. Terkadang kita hanya perlu berdiri diam dan Tuhan akan mengurus sisanya.

Alkitab memperingatkan kita dengan jelas bahwa Pencuri datang hanya untuk mencuri dan membunuh dan membinasakan. (Yohanes 10:10) Petrus juga memperingatkan orang-orang Kristen, "Sadarlah dan berjaga-jagalah! Lawanmu, si Iblis, berjalan keliling sama seperti singa yang mengaum-aum dan mencari orang yang dapat ditelannya." (1 Petrus 5:8) Musuh-musuh kita mungkin kuat karena mereka berkuasa. Mereka memiliki otoritas untuk menguasai dunia. Mereka jahat dan licik, tetapi jangan khawatir; Yesus telah mengalahkan dunia. (Yohanes 16:33) Yesus telah memenangkan kemenangan tertinggi atas maut dan iblis di kayu salib. Kolose 2:15 menyatakan: "Ia telah melucuti pemerintah-pemerintah dan penguasa-penguasa dan menjadikan mereka tontonan umum dalam kemenangan-Nya atas mereka." Haleluya!

Allah kita jauh lebih kuat daripada musuh-musuh kita. Paulus berkata dalam 2 Korintus 10:4, "Karena senjata kami dalam perjuangan bukanlah senjata duniawi, melainkan senjata yang diperlengkapi dengan kuasa Allah, yang sanggup untuk meruntuhkan benteng-benteng." Senjata kita yang sah adalah senjata rohani, dan senjata itu berkuasa melalui Tuhan, dalam kekuatan-Nya dan bukan kekuatan kita. Sumber kekuatan kita adalah Roh Kudus dan Firman Allah. Kita harus tunduk pada pimpinan Roh Kudus. Peperangan Kristen adalah strategi rohani yang menggunakan senjata-senjata supernatural untuk melawan musuh yang tidak dapat kita lihat. Ingatlah, kita tidak berperang melawan musuh dengan kekuatan kita. Beberapa kali, saya melihat di alam roh bayangan seorang pria mendekati saya dari arah belakang di sisi kanan dan menyentuh bahu kanan saya. Setiap kali dia melakukan hal itu, saya akan mendapatkan kekuatan baru untuk bangkit kembali. Ya kekuatanku, aku mau berpegang pada-Mu, sebab Allah adalah kota bentengku. (Mazmur 59:10) Haleluya!

Perlengkapan Senjata Allah

Suatu malam, saya bermimpi melihat satu set lengkap baju besi tergeletak di lantai. Awalnya, mimpi itu terasa aneh bagi saya, tetapi tidak mengganggu saya. Setelah beberapa hari, seluruh keluarga jatuh sakit, tetapi puji Tuhan, kami sembuh dari penyakit itu. Sekarang saya mengerti bahwa kita, sebagai prajurit Kristus, harus selalu mengenakan seluruh perlengkapan senjata Allah. Kita berperang bukan dengan senjata yang nyata, tetapi dengan mengenakan perlengkapan senjata Allah. Dalam Efesus 6:13, Paulus berkata, "Sebab itu ambillah seluruh perlengkapan senjata Allah, supaya kamu dapat mengadakan perlawanan pada hari yang jahat itu dan tetap berdiri, sesudah kamu menyelesaikan segala sesuatu." Enam senjata yang kita perlukan untuk peperangan rohani adalah: - Berikatpinggangkan kebenaran (Efesus 6:14), Berbajuzirahkan keadilan (Efesus 6:14), Memberitakan Injil damai sejahtera (Efesus 6:15), Pergunakan perisai iman (Efesus 6:16), pedang Roh, yaitu firman Allah (Efesus 6:17), dan ketopong keselamatan (Efesus 6:17)

Seorang prajurit Kristus yang baik harus tahu bagaimana menggunakan pedang Roh, yaitu Firman Allah. Efesus 6:18 memerintahkan kita untuk secara konsisten berdoa tanpa putus di dalam Roh. Kita, orang-orang yang percaya kepada Kristus, juga harus belajar bagaimana cara mengikat atau melepaskan dalam nama Yesus. Petrus menerima kunci Kerajaan Sorga. (Matius 16:19) Kunci tersebut melambangkan otoritas: Mengikat berarti membatasi, menghentikan, atau menahan. Melepaskan berarti melepaskan atau membuka. Yesus menyatakan sesungguhnya apa yang kamu ikat di dunia ini akan terikat di sorga dan apa yang kamu lepaskan di dunia ini akan terlepas di sorga. (Matius 18:18) Yesus memberi murid-Nya tenaga dan kuasa untuk menguasai setan. (Lukas 9:1)

Sebagai pengikut Kristus, kita juga dapat mengikat pekerjaan musuh atau melepaskan diri kita sendiri dan orang lain dari pekerjaan kegelapan. Kita tidak perlu takut untuk melakukan peperangan rohani. Yesus datang untuk membinasakan perbuatan-perbuatan Iblis. (1 Yohanes 3:8) Yesus adalah Tuhan atas segala bala tentara. Kita bahkan dapat meminta Tuhan untuk mengirimkan malaikat-malaikat-Nya untuk berperang melawan pemerintah-pemerintah dan penguasa-penguasa. Lebih besar Roh yang ada di dalam kita dari pada roh yang ada di dalam dunia. (1 Yohanes 4:4) Ingatlah, perlindungan Tuhan lebih besar daripada yang melawan kita.

Badai Petir Besar

Beberapa tahun yang lalu, saya bermimpi berjalan menyusuri jalan yang panjang dan melihat badai petir yang sangat besar dengan petir yang dahsyat di hadapan saya. Badai itu mengepung saya hingga saya tidak bisa bergerak satu inci pun ke depan, dan petir terus menyambar ke mana-mana. Saya tidak bisa mundur, ke kanan atau ke kiri, dan bencana itu seakan-akan menyerang dan menjebak saya. Saya mendapati diri saya terperangkap di sana, tidak yakin tindakan apa yang harus saya lakukan pada saat itu. Ketika saya terus memikirkan jalan keluar, saya melihat bayangan seorang pria mendekat ke arah saya, dan saya langsung mengenalinya. Dia adalah Tuhan Yesus Kristus yang saya kasihi. Dia datang ke arah saya dan dengan lembut menggendong saya di bawah lengan-Nya sambil tersenyum. Kemudian, saya melihat tubuh saya berubah menjadi seorang anak laki-laki berusia tujuh tahun, dan Tuhan menolong saya melewati badai. Saya sangat senang ketika Tuhan Yesus menyelamatkan saya dari bencana itu. Suatu kali, selama sesi doa, sebuah pemikiran muncul di benak saya untuk bertanya kepada Tuhan mengapa Dia tersenyum kepada saya ketika Dia menyelamatkan saya dalam mimpi itu. Saat itu, saya mendengar suara kecil di dalam hati saya berkata, "Aku mengasihimu, Matthew, dengan kasih yang kekal." Kata-kata-Nya sangat menyentuh saya.

Ketika saya membaca dan merenungkan Yeremia 31:3, saya terkejut bahwa ayat-ayat tersebut terlihat mirip dengan kata-kata yang pernah diucapkan Yesus kepada saya. Saya dengan yakin mengatakan sekarang bahwa Tuhan Yesuslah yang telah menolong saya mengatasi semua badai dalam hidup saya. Apapun situasi yang Anda hadapi saat ini, selalu ada jalan bagi Anda untuk keluar dari semua kekhawatiran, masalah, kondisi, dan keadaan Anda di dalam Kristus Yesus. Tuhan Yesus adalah gembala kita yang baik, dan kita adalah domba-domba kesayangan-Nya. Dia adalah tuan kita yang baik, dan kita adalah hamba-hamba-Nya yang terkasih. Kita tidak perlu lagi hidup dalam ketakutan dan dosa. Tuhan adalah pelindung dan pembebas kita; Dia akan selalu melindungi kita.

Yesaya 40:31 berkata, "Tetapi orang-orang yang menanti-nantikan Tuhan mendapat kekuatan baru: mereka seumpama rajawali yang naik terbang dengan kekuatan sayapnya; mereka berlari dan tidak menjadi lesu, mereka berjalan dan tidak menjadi lelah." Tuhan akan menolong kita untuk terbang tinggi seperti rajawali di atas semua badai dalam hidup. Tetapi hal ini hanya dapat dilakukan jika kita terbang tinggi dengan kuasa Roh Allah. Tuhan akan menolong kita untuk menjadi pemenang. Dia akan memelihara segala sesuatu. Haleluya! Segala kemuliaan bagi Tuhan kita Yesus Kristus!

Bab 15: Berbagi Kristus dengan Semua Orang

Di hari-hari terakhir ini, kita harus memperingatkan orang-orang untuk bertobat. Kita juga harus membagikan tentang Kristus kepada mereka dan memperingatkan mereka bahwa Kerajaan Allah akan segera ditegakkan di bumi ini, dan kita harus hidup dengan benar di hadapan Tuhan.

Stasiun Kereta Api

Jika seseorang ingin bunuh diri di stasiun kereta api dan secara kebetulan Anda sedang berdiri di sana, apakah Anda akan menyaksikan kereta api menabrak orang tersebut? Atau apakah Anda akan menyelamatkan orang tersebut meskipun Anda tidak tahu siapa orang tersebut?

Berbaris Untuk Melompat ke Dalam Api

Contoh lainnya adalah jika Anda melihat seseorang yang Anda cintai, seperti keluarga, kerabat, atau teman, berbaris di gunung yang tinggi untuk melompat ke sungai api di bagian bawah. Apakah Anda akan mendorong mereka kembali, memperingatkan mereka, atau membiarkan mereka melompat ke dalam api satu per satu?

Bus

Pernahkah Anda bermimpi tentang keluarga dan kerabat Anda di dalam bus? Tujuan bus adalah surga, tetapi seseorang membunyikan bel dan keluar dari bus. Ketika Anda melihat wajah mereka, Anda menyadari bahwa mereka adalah anggota keluarga atau kerabat Anda. Apa yang akan Anda lakukan?

Benih yang jatuh dalam semak duri

Apa yang akan Anda lakukan jika Anda bermimpi orang tua atau saudara Anda berjalan di bawah semak duri di hutan? Matius 13:22

mengatakan bahwa 'benih yang jatuh di tengah semak duri' merujuk kepada seseorang yang mendengar firman tetapi terhimpit oleh kekuatiran hidup ini dan tipu daya kekayaan, sehingga tidak berbuah. Apakah Anda akan tetap berdiam diri?

Gembala, Domba, Kambing

Bagaimana jika Anda melihat kawanan domba yang sedang berjalan dengan gembira bersama Gembala yang Baik, tetapi kemudian Anda melihat beberapa ekor kambing di luar kandang yang sedang melihat ke sana kemari? Anehnya, Anda dapat melihat nama-nama pada kambing-kambing itu, dan nama-nama itu adalah orang-orang yang Anda kasihi dan sayangi! Dan tiba-tiba, Anda teringat apa yang Yesus katakan dalam Matius 25:31-46: Ia akan memisahkan orang satu dari yang lain seperti gembala memisahkan domba dari kambing ketika Ia datang kembali. Ia akan menempatkan domba-domba di sebelah kanan-Nya dan kambing-kambing di sebelah kiri-Nya. Mereka yang berada di sebelah kanan akan masuk ke dalam Kerajaan Surga, sedangkan yang berada di sebelah kiri akan dicampakkan ke dalam api yang kekal.

Jika Anda adalah benar-benar orang percaya dan menyaksikan mimpi, penglihatan, atau situasi yang melibatkan keluarga, kerabat, atau teman Anda, bagaimana reaksi Anda? Sejujurnya, sayalah yang menerima semua mimpi, penglihatan, dan wahyu tentang keluarga, kerabat, dan teman-teman saya. Semua pesan ini datang dari Tuhan, dan saya memperingatkan mereka untuk bertobat. Terima kasih Tuhan. Hasilnya ada di tangan Tuhan Yesus Kristus. Saya tetap berdoa untuk mereka sampai sekarang dan berharap mereka bertobat dari dosa-dosa mereka. Saya harap Anda semua membagikan Kristus kepada orang-orang yang belum diselamatkan dan siapa pun yang dituntun oleh Roh Kudus sebelum pintu kasih karunia ditutup. Kita perlu memperingatkan semua orang sebelum terlambat.

Bab 16: Hikmat

Setelah bertahun-tahun berlalu, saya mengerti bahwa untuk hidup sebagai pengikut Yesus Kristus yang baik, saya membutuhkan hikmat Allah. Kita semua membutuhkan hikmat itu. Saya jatuh ke dalam dosa di masa lalu terutama karena kurangnya hikmat. Ada tertulis dalam Yakobus 1:5, "Tetapi apabila di antara kamu ada yang kekurangan hikmat, hendaklah ia memintakannya kepada Allah, – yang memberikan kepada semua orang dengan murah hati dan dengan tidak membangkit-bangkit –, maka hal itu akan diberikan kepadanya." Hikmat Tuhan akan menyelamatkan hidup kita. Takut akan Tuhan mengajarkan kita hikmat. "Hikmat akan menyelamatkan engkau dari jalan yang jahat, dari orang yang mengucapkan tipu muslihat." (Amsal 2:12) Lukas 7:35 juga mengatakan, "Tetapi hikmat dibenarkan oleh semua orang yang menerimanya." Kita semua perlu meminta Tuhan untuk mengajarkan hikmat kepada kita dan menuntun kita ke jalan yang lurus. Berikut adalah beberapa langkah tentang bagaimana kita bisa mendapatkan hikmat dari Tuhan:

Permulaan hikmat adalah takut akan Tuhan, dan mengenal Yang Mahakudus adalah pengertian. (Amsal 9:10)

Kedua, kita harus mencari hikmah seperti mencari perak, dan mengejarnya seperti mengejar harta terpendam. (Amsal 2:4)

Ketiga, kita perlu berdoa dan meminta hikmat kepada Allah. (Yakobus 1:5)

Keempat, kita perlu mempelajari firman Tuhan. Mazmur 1:2-3 mengatakan, "Tetapi yang kesukaannya ialah Taurat Tuhan , dan yang merenungkan Taurat itu siang dan malam. Ia seperti pohon, yang ditanam di tepi aliran air, yang menghasilkan buahnya pada musimnya, dan yang tidak layu daunnya; apa saja yang diperbuatnya berhasil."

Kelima, percaya pada kepemimpinan Roh Kudus. Dalam Yohanes 14:26, dinyatakan, "Tetapi Penghibur, yaitu Roh Kudus, yang akan diutus oleh Bapa dalam nama-Ku, Dialah yang akan mengajarkan segala sesuatu kepadamu dan akan mengingatkan kamu akan semua yang telah Kukatakan kepadamu." Jalan Tuhan jauh lebih tinggi dari pada jalan kita, dan rencana-Nya jauh lebih tinggi dari pada rencana kita. Oleh karena itu, biarkanlah Tuhan melakukan pekerjaan-Nya dalam hidup kita. Biarlah Dia yang memimpin.

Amsal 3:18 menyatakan bahwa hikmat adalah pohon kehidupan bagi orang yang memegangnya, siapa yang berpegang padanya akan disebut berbahagia. Untuk memastikan hikmat Tuhan selalu menyertai kita, kita harus selalu memeriksa dan mengendalikan pikiran, tindakan, dan seluruh hidup kita dengan firman Tuhan. "Janganlah meninggalkan hikmat itu, maka engkau akan dipeliharanya, kasihilah dia, maka engkau akan dijaganya." (Amsal 4:6)

Kitab Wahyu

Beberapa tahun yang lalu, saya menerima sebuah penglihatan di mana Tuhan Yesus meminta saya untuk duduk di sebuah kursi, dan ada sebuah Alkitab di atas meja di depan saya. Dia meminta saya untuk membuka Alkitab dan membiarkan saya membalik-balik halamannya hingga sampai pada Kitab Wahyu. Dia menunjuk dengan jarinya ke Kitab Wahyu dan berkata kepada saya, "Sekarang saatnya untuk membaca Kitab Wahyu."

"Berbahagialah ia yang membacakan dan mereka yang mendengarkan kata-kata nubuat ini, dan yang menuruti apa yang ada tertulis di dalamnya, sebab waktunya sudah dekat." (Wahyu 1:3) Haleluya! Saya dapat mengatakan dengan pasti bahwa Tuhan Yesus Kristus akan datang. Raja kita akan datang! Kita semua harus mempersiapkan diri untuk kedatangan Tuhan Yesus Kristus. Kolose 1:28 dengan jelas menjelaskan: "Dialah yang kami beritakan, apabila tiap-tiap orang kami nasihati dan tiap-tiap orang kami ajari dalam segala hikmat, untuk memimpin tiap-tiap orang kepada kesempurnaan dalam Kristus."

Bab 17: Gunung Tuhan

Sejujurnya, saya tidak tahu apa nama gunung tinggi yang sering saya lihat dalam mimpi atau penglihatan saya, tetapi semua pengalaman itu membantu saya bertumbuh di dalam Kristus. Butuh waktu bertahun-tahun bagi saya untuk memahami bagaimana Tuhan bekerja dalam hidup saya. Hanya sekarang saya dapat membagikannya. Saya berharap dan berdoa agar cerita tentang gunung yang tinggi ini menjadi berkat bagi banyak orang untuk berjalan di jalan Tuhan. Saya tidak tahu apakah saya akan mendapatkan mimpi tentang gunung yang tinggi itu lagi, tetapi Tuhan telah berjanji bahwa Dia akan membawa kita ke gunung-Nya yang kudus. Haleluya!

Mazmur 121:1-2 menyatakan, "Aku melayangkan mataku ke gunung-gunung; dari manakah akan datang pertolonganku? Pertolonganku ialah dari Tuhan , yang menjadikan langit dan bumi."

Ada tertulis dalam Yesaya 2:2, "Akan terjadi pada hari-hari yang terakhir: gunung tempat rumah Tuhan akan berdiri tegak di hulu gunung-gunung dan menjulang tinggi di atas bukit-bukit; segala bangsa akan berduyun-duyun ke sana."

Juga tertulis dalam Yeremia 3:17, "Pada waktu itu Yerusalem akan disebut takhta Tuhan , dan segala bangsa akan berkumpul ke sana, demi nama Tuhan ke Yerusalem, dan mereka tidak lagi akan bertingkah langkah menurut kedegilan hatinya yang jahat." Haleluya!

Yesaya 56:7 menyatakan, "Mereka akan Kubawa ke gunung-Ku yang kudus dan akan Kuberi kesukaan di rumah doa-Ku. Aku akan berkenan kepada korban-korban bakaran dan korban-korban sembelihan mereka yang dipersembahkan di atas mezbah-Ku, sebab rumah-Ku akan disebut rumah doa bagi segala bangsa."

Ada tertulis dalam Yesaya 65:25, "Serigala dan anak domba akan bersama-sama makan rumput, singa akan makan jerami seperti lembu dan ular akan hidup dari debu. Tidak ada yang akan berbuat jahat atau yang berlaku busuk di segenap gunung-Ku yang kudus," firman Tuhan."

Mikha 4:1 menyatakan, "Akan terjadi pada hari-hari yang terakhir: gunung rumah Tuhan akan berdiri tegak mengatasi gunung-gunung dan menjulang tinggi di atas bukit-bukit; bangsa-bangsa akan berduyun-duyun ke sana."

Mikha 4:2 menyatakan, "Dan banyak suku bangsa akan pergi serta berkata: "Mari, kita naik ke gunung Tuhan , ke rumah Allah Yakub, supaya Ia mengajar kita tentang jalan-jalan-Nya dan supaya kita berjalan menempuhnya; sebab dari Sion akan keluar pengajaran, dan firman Tuhan dari Yerusalem." Haleluya!

Kita semua harus memiliki keinginan untuk menyembah Tuhan di gunung-Nya yang kudus. Saya sering mendengar Tuhan berkata bahwa Dia akan membawa kita ke gunung-Nya yang kudus. Dan saya percaya bahwa apa yang Tuhan janjikan, akan Dia penuhi. Haleluya! Segala kemuliaan bagi Allah Bapa, Anak dan Roh Kudus. Maranatha! Datanglah, Tuhan Yesus! Amin dan Amin....

Perjalanan ke Gunung Tuhan

Berdiri di Gunung Tinggi adalah buku tentang perjalanan spiritual Matthew bersama Tuhan. Tuhan datang dan menyelamatkan dia ketika dia tersesat dalam perjalanan hidupnya. Selama lebih dari 25 tahun, Tuhan terus membimbing Matthew melalui perkataan, mimpi, penglihatan dan wahyu-Nya. Ada banyak hal supernatural yang terjadi dalam kehidupan Matthew dan baru sekarang dia siap membagikannya kepada semua orang. Buku ini bisa membantu bagi mereka yang sungguh-sungguh ingin berjalan di jalan Tuhan menjelang hari-hari akhir! Akhir zaman sudah dekat! Tuhan akan segera datang! Kita semua perlu bersiap menyambut kedatangan Tuhan. Haleluya!

"Sesungguhnya Aku datang segera dan Aku membawa upah-Ku untuk membalaskan kepada setiap orang menurut perbuatannya. Aku adalah Alfa dan Omega, Yang Pertama dan Yang Terkemudian, Yang Awal dan Yang Akhir."
(Wahyu 22:12-13)

www.ingramcontent.com/pod-product-compliance
Lightning Source LLC
LaVergne TN
LVHW050947051026
849532LV00005B/1736
* 9 7 9 8 2 3 0 9 9 2 6 8 4 *